高职高专会计类专业教材

会计基本技能训练

吴　群　主　编
马　俊　龚　艳　赵丽娟　副主编

中国建材工业出版社

图书在版编目（CIP）数据

会计基本技能训练/吴群主编．--北京：中国建材工业出版社，2020.8

高职高专会计类专业教材

ISBN 978-7-5160-2780-6

Ⅰ.①会…　Ⅱ.①吴…　Ⅲ.①会计学-高等职业教育-教材　Ⅳ.①F230

中国版本图书馆 CIP 数据核字（2019）第 289143 号

会计基本技能训练

Kuaiji Jiben Jineng Xunlian

吴　群　主编

出版发行：中国建材工业出版社

地　　址：北京市海淀区三里河路 1 号

邮　　编：100044

经　　销：全国各地新华书店

印　　刷：北京鑫正大印刷有限公司

开　　本：787mm×1092mm　1/16

印　　张：6.25

字　　数：160 千字

版　　次：2020 年 8 月第 1 版

印　　次：2020 年 8 月第 1 次

定　　价：40.00 元

本社网址：www.jccbs.com，微信公众号：zgjcgycbs

前　言

会计技能课程是一门以提高学生的动手能力、学习兴趣、运算技能，服务于会计基础工作的技能型、实用型课程。该课程的学习重点是实际操作与演练，只有长时间坚持不懈地进行系统训练与强化，才能熟能生巧，才能掌握会计技能并更好地服务于财会工作。会计基本技能训练是财经类专业的核心实践课程之一，是会计专业必备的职业基本技能。为了培养应用型人才，满足社会对应用型人才的需要，提高学生实际动手能力，适应高职高专及中职会计专业教学的需要，我们编写了《会计基本技能训练》这本教材。

《会计基本技能训练》将会计的基本技能和方法分成三大模块，既简要介绍会计技能基本理论，又将实际操作过程融入其中。通过学习这门课程，学生可以掌握会计工作对数字书写的要求、计算器和小键盘的操作要求、点钞技能及算盘的使用等在会计工作中的应用技能和方法，为今后走上实际工作岗位打下良好的基础。本教材对会计基本技能中涉及的多种实用技能进行详细讲解及分解训练，本着循序渐近、由易到难的原则，配合课堂教学，提供了充足的课后练习题，以方便师生课堂练习、课后训练、定级和技能展示的需要。

本教材具有以下特色：

1. 理实一体。理论讲解详细，并配合大量的实际操作训练，让学生通过练习，提高动手能力。

2. 应用性强。知识表述简明浅显，方法讲解具体清晰，使学生易学、易懂、易做。

3. 案例丰富。在理论讲解中穿插大量实际案例，有助于培养和发展学生的主动参与性。

4. 图文并茂。以大量实物图片的形式对会计技能交叉讲解，增强教学的直观性和生动性，激发学生的学习兴趣。

本教材共分为 3 个项目，共 12 个任务，由吴群担任主编及主审，具体编写任务由马俊、龚艳、赵丽娟、吴群承担。本书参考了大量著作和研究成果，在此对相关作者深表感谢！

本书适合高职高专财经类专业学生使用，同时也适合中等职业教育财经类专业学生使用，还可以作为会计岗位培训和相关人员的自学用书。由于编者水平有限，时间较为仓促，书中难免有疏漏和错误，望各位专家、同仁及广大读者提出意见，以便我们改进。

编　者

目　录

项目一　数字书写技能 …… 1
任务一　阿拉伯数字的书写规范 …… 1
一、阿拉伯数字的书写要求 …… 2
二、单个数码字的书写要领 …… 3
三、阿拉伯数字的错误订正 …… 4
任务二　汉字大写数字的书写规范 …… 6
一、汉字大写数字的写法 …… 6
二、汉字大写数字的书写要求 …… 6
任务三　票据数字的书写规范 …… 9
任务四　货币符号的书写规范 …… 11
项目二　计算器操作及数字键盘录入技能 …… 14
任务一　认识计算器 …… 14
一、计算器的种类 …… 14
二、一般计算器的功能键 …… 15
任务二　计算器的使用 …… 17
一、基本要求 …… 17
二、计算器的基本使用方法 …… 18
三、计算器在使用过程中需要注意的问题 …… 18
任务三　计算器盲打及传票算技能 …… 19
一、指尖上的舞蹈——盲打技能 …… 19
二、计算器的传票算技能 …… 20
任务四　小键盘录入技能训练 …… 24
一、小键盘录入概述 …… 24
二、小键盘录入坐姿与指法 …… 25
项目三　点钞技能 …… 32
任务一　手工点钞的基本知识 …… 32
一、点钞的概念 …… 32
二、点钞的基本工序 …… 33

三、点钞的基本要求 …… 33
四、点钞用具 …… 35
任务二　手工点钞的基本方法和操作要领 …… 37
一、手工点钞的基本方法 …… 37
二、捆扎钞票 …… 42
三、清点硬币 …… 44
任务三　机器点钞 …… 47
一、点钞机及组成 …… 47
二、点钞前的准备 …… 47
三、点钞机的操作要领 …… 48
四、机器点钞防错方法 …… 49
五、机器点钞口诀 …… 49
六、使用点钞机器的注意事项 …… 49
任务四　真假人民币的鉴别 …… 51
一、反假币知识 …… 51
二、第五套人民币 …… 53
三、人民币识别方法 …… 59
四、现代支付手段 …… 61
附录一　珠算技能 …… 65
附录二　会计基础工作规范 …… 79
参考文献 …… 92

项目一　数字书写技能

项目目标

1. 了解财务会计数字书写的意义、内容及要求；
2. 熟练掌握阿拉伯数字和汉字大写数字的书写；
3. 熟练掌握票据数字和货币符号的书写；
4. 掌握书写规范和要领后，要勤练，熟练书写财务数字，使数字书写规范化。

项目内容

1. 阿拉伯数字的书写规范；
2. 汉字大写数字的书写规范；
3. 票据数字的书写规范；
4. 货币符号的书写规范。

项目用具

学生练习用传票本、纸、笔、票夹、练习用票据等。

任务一　阿拉伯数字的书写规范

阿拉伯数字为我们通常所说的小写数字，也称为数码字，即 0、1、2、3、4、5、6、7、8、9，笔画简单，书写方便快速，是世界各个国家通用的数字，应用十分广泛。

数字的书写是财务工作者的一项基本功，对会计人员来说尤为重要。财务工作需要经常使用阿拉伯数字，对于财务会计人员来说，如何正确、规范和流利书写阿拉伯数字，是基本数字书写能力的体现。重视会计工作中数码字的训练，有助于会计人员素质的提高，结合现实会计人员数码字书写的实际情况看，不仅存在大量不规范书写，还存在“0”“6”不分，“7”“9”难辨的情况，更有甚者还有把“1”改为“4”或改为“7”等错误现象，还有些人把汉字的书写艺术引入小写数字领域，主张在会计记录中将数字“1234567890”写成美术字。所有这些，都不是财会工作中合乎规范的书写方法，也不合乎手工书写的正常习惯。

财务会计中，尤其是会计记账过程中书写的阿拉伯数字，与数学中或汉文字学中的书写方法并不一致，也不尽相同。

财务中的数字，从书写的字体角度上讲，既不能把阿拉伯数字写成刻版划一的印刷体，也不能写成难以辨认的草字体，更不能为追求书写形式写成美术体。从阿拉伯数字本身所占的位置看，既不能把数字写满格，占满行，又不能把字写得太小，密密麻麻，让人不易辨清楚，更不能超越账页上既定的数格。从阿拉伯数字字型上看，既不能让数字垂直上下，也不能歪斜过度，更不能左倾右斜，毫无整洁感觉。数字书写后既要让人看着合乎规定要求，又要流利美观，还要方便纠错更改。

阿拉伯数字有特定的规范化要求，阿拉伯数字的书写应做到正确、规范、清晰、整洁、美观。如图 1-1 所示。

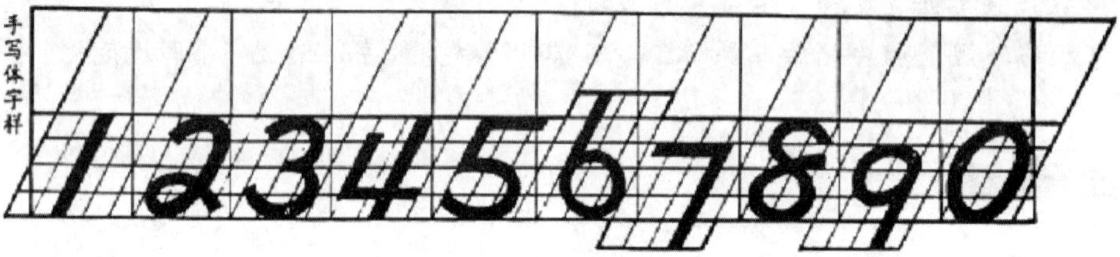

图 1-1　手写体的阿拉伯数字书写示范图

一、阿拉伯数字的书写要求

1. 字迹工整

阿拉伯数字规范书写，应工整流畅、匀称美观、一目了然，切忌潦草、连笔、模糊，以免似是而非，分辨不清，影响工作效率。

2. 保持特色

阿拉伯数字书写时，要在符合书写规范的前提下，保持本人的独特字体和特色习惯，使他人难以模仿或涂改。

3. 数字上端向右倾斜 60°左右

阿拉伯数字的书写无须像文字要求那样端正，以免字形显得生硬呆板，书写时一般要符合手写体的特点，以上端向右倾斜 60°左右的倾斜角为宜。一组阿拉伯数字的书写应保持各个数字的倾斜度一致，以达到自然美观的效果。

4. 除 6、7、9 以外，其他数字高低一致

6 的上端可以比其他数字高出四分之一，下端与其他数字一致。除 7 和 9 以外，其他数字书写高低和大小要保持一致，排列整齐。

5. 高度以不超过账表的二分之一为宜

阿拉伯数字书写时，高度须不超过账表的二分之一，数字过大时，写错时无法更正且不美观；数字过小时，字迹就会显示不清晰而影响阅读。因此，我们需要灵活掌握数字的大小，在账表的表格书写中，阿拉伯数字书写的高度宜为账表的二分之一到三分之一为宜，阿拉伯数字书写高度示范如图 1-2 所示。

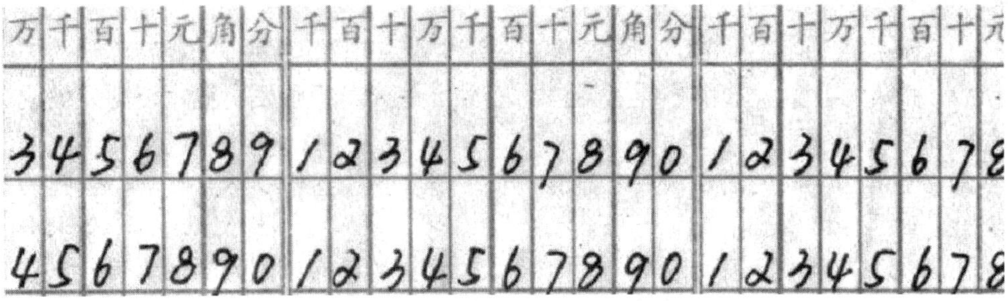

图 1-2　阿拉伯数字书写高度示范

6. 紧靠账表底线

阿拉伯数字的书写不能写在账表表格的中间，要紧靠账表底线，除“7”和“9”可以向下伸出格子的约四分之一外，其他数字一律靠在账表底线上。

7. 保持均衡间距

每个阿拉伯数字要大小一致，数字间的空隙应均匀，约半个数字大小，不宜过大以防被添加数字。在印有数位线的凭证、账簿、报表上，每一格只能写一个数字，不得几个字挤在一个格里，也不得在数字中间留有空格。

数位自小到大，是从右向左排列的，但在写数上是自大到小，从左到右的。如果没有账表数位线，阿拉伯数字书写时，要同位数对齐，即个位对个位，百位对百位。

8. 采用三位分节制

（1）四位和四位以上的整数部分，采用国际通行的“三位分节制”，即从个位起，向左每三位数作为一节，节与节之间用分节号“，”隔开，也可以用空格隔开，如28，590，522或28 590 522。

（2）末尾带小数的数字，应将小数点写在个位与十分位之间的下方，如33，576，324.63或33 576 324.63。

（3）通常，账表凭证的金额栏内印有分位格，元位前每三位之间印有一粗线代表分节号，元位与角位的粗线代表小数点，所以计数时不需要另加分节号或小数点。

（4）除采用计算机处理会计业务外，阿拉伯数字应用规范的手写体书写，不适合用其他字体。只有这样，会计阿拉伯数字的书写才能规范、流利、清晰，合乎会计工作的书写要求。

二、单个数码字的书写要领

（1）书写“0”时，落笔应紧贴底线，圆要闭合，不宜过小，否则，易被改为“9”字；几个“0”连写时，不要写连接线；

（2）书写“1”时，要斜直，不能比其他数字短，否则，易被改为“4”“6”“7”“9”等阿拉伯数字；

（3）书写“2”时，不能写成“Z”，落笔应紧贴底线，否则，易被改为“3”字；

（4）书写“3”时，拐弯处光滑流畅，起笔处至拐弯处距离稍长，不宜过短，否则，易被改为“5”字；

（5）书写“4”时，斜角要死折，即竖要斜写，横要平直且长，顶部不封口，否则，易被改为“6”字；

（6）书写“5”时，横、钩要明显，不可拖泥带水，否则，易被改为或混淆为“8”字；

（7）书写“6”时，起笔处在上半格的四分之一处，下圆要明显，否则易被改为或混淆为“4”“8”字；

（8）书写“7”时，横要平直明显即稍长，竖稍斜，拐弯处不要圆滑，否则易被改为或混淆为“1”“9”字；

（9）“8”有两种笔顺，都起笔于右上角，结束于右上角，写“8”时，上边要稍小，下边稍大，可以斜“S”起笔也可直笔起笔，终笔与起笔交接处应成棱角，以防止别人将“3”改为“8”。

（10）书写“9”时，上端的小圆要闭合，不留间隙，并且一竖稍长，略微出底线。

三、阿拉伯数字的错误订正

在会计凭证或者账表审核后，发现阿拉伯数字书写错误时，切忌刮擦，也不可用胶带贴掉、挖补、涂改，或使用褪色药剂、涂改液，而应该按照会计规定的方法进行订正。

阿拉伯数字的错误订正方法如下：

（1）阿拉伯数字写错需要更正时，无论写错的数字是一个还是多个，应使用划线更正法更正，即把全部数字用一道红线划销。在会计账簿中更正时，还应在数字的两端加盖经手人和会计机构负责人印章，以明确责任主体，然后把正确的数字写在错误的数字的上面。

（2）改错时，不能只改一半，也不能在原数上涂改，以免混淆不清。

（3）原始凭证的阿拉伯数字书写错误时，根据会计有关法规规定，不得更改，只能由原始凭证开出单位重开。没有编号的零散作废凭证，应立即销毁废弃；印有编号的作废凭证，应该标记作废印记后保存，或将其各连号留下，粘入其下一号的各对应联上，借以向有关部门说明此号作废，以便查改。

（4）记账凭证的阿拉伯数字书写错误时，如果没有登记入账，一般应该重新填写。如果会计科目没有错误，只是金额错误，除了采用重新填写这种方法，也可采用划线订正法，即先用红笔在错误的全部数字中间划一横线，然后重新在错误数字的正上方书写全部的阿拉伯数字，并且由经办人员在更正数字后加盖名章，以示负责。

◇实训一◇

1. 请对照范例书写以下阿拉伯数字，反复书写二十遍且符合标准。要求财务会计人员达到三级标准，非财会专业达到四级标准。

一级 2.5 分钟以内完成；二级 3 分钟以内完成；三级 3.5 分钟以内完成；四级 4 分钟以内完成。

2. 请对照范例，在表格中书写阿拉伯数字。

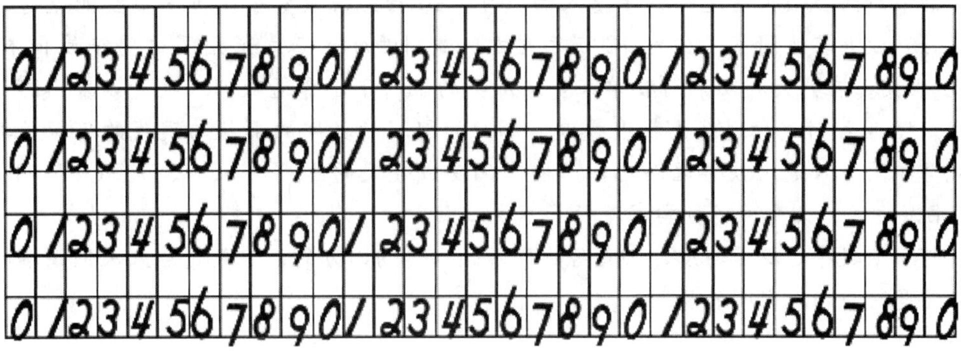

◇知识拓展◇

阿拉伯数字的起源

公元 500 年前后，随着经济、种姓制度的兴起和发展，印度次大陆西北部的旁遮普地区的数学一直处于领先地位。天文学家阿叶彼海特在简化数字方面有了新的突破：他把数字记在一个个格子里，如果第一格里有一个符号，例如是一个代表 1 的圆点，那么第二格里的同样圆点就表示十，而第三格里的圆点就代表一百。这样，不仅数字符号本身，而且它们所在的位置次序也同样拥有了重要意义。此后，印度的学者又引出了作为零的符号。

3 世纪，古印度的一位科学家巴格达发明了阿拉伯数字。最古的计数至多到 3，为了设想“4”这个数字，就必须把 2 和 2 加起来，5 是 2 加 2 加 1，3 这个数字是 2 加 1 得来的，大概较晚才出现了用手写的五指表示 5 这个数字和用双手的十指表示 10 这个数字。这个原则实际也是数学计算的基础。罗马的记数只有到Ⅴ（5）的数字，Ⅹ（10）以内的数字则由Ⅴ（5）和其他数字组合起来。Ⅹ是两个Ⅴ的组合，同一数字符号根据它与其他数字符号的位置关系而具有不同的量。这样就开始有了数字位置的概念，在数学上这个重要的贡献应归于两河流域的古代居民，后来古鳊人在这个基础上加以改进，并发明了表达数字的 1、2、3、4、5、6、7、8、9、0 十个符号，这就成为今天记数的基础。8 世纪印度出现了有零的符号的最老的刻版记录，当时称零为首那。

200 年后，阿拉伯人征服了周围的民族，建立了东起印度，西从非洲到西班牙的阿拉伯帝国。后来，这个大帝国分裂成东、西两个国家。由于这两个国家的各代君王都奖励文化和艺术，所以两国的首都都非常繁荣，而其中特别繁华的是东都——巴格达，西来的希腊文化、东来的印度文化都汇集到这里来了。阿拉伯人将两种文化理解、消化，从而创造了独特的阿拉伯文化。

700 年前后，阿拉伯人征服了旁遮普地区，他们吃惊地发现被征服地区的数学比他们先进，于是设法吸收这些数字。

771 年，印度北部的数学家被抓到了阿拉伯的巴格达，被迫给当地人传授新的数学符号和体系，以及印度式的计算方法。由于印度数字和印度记数法既简单又方便，其优点远远超过其他计算法，阿拉伯的学者们很愿意学习这些先进知识，商人们也乐于采用这种方法去做生意。

后来，阿拉伯人把这种数字传入西班牙。10世纪，教皇热尔贝·奥里亚克将这种数字传到欧洲其他国家。公元1200年左右，欧洲的学者正式采用了这些符号和体系。至13世纪，在意大利比萨的数学家斐波那契的倡导下，普通欧洲人也开始采用阿拉伯数字，15世纪时这种现象已相当普遍。那时的阿拉伯数字的形状与现代的阿拉伯数字不完全相同，只是比较接近而已，为使它们变成今天的1、2、3、4、5、6、7、8、9、0的书写方式，又有许多数学家花费了不少心血。

阿拉伯数字起源于印度，却是经由阿拉伯人传向四方的，这就是后来人们误解阿拉伯数字是阿拉伯人发明的原因。

任务二　汉字大写数字的书写规范

在财务工作中，会计或出纳人员经常填写支票、进账单、出库单、入库单、采购单、发货单、合同数据、信汇等结算凭证，填写这些凭证时，除了填写小写数字外，还必须填写大写数字，其目的是防止篡改。因此，财务会计人员必须掌握中文大写数字的书写，做到要素齐全、数字正确、字迹清晰、不潦草、不错漏。

一、汉字大写数字的写法

（1）汉字大写数字书写，要以正楷或行书字体书写，不得连笔写。

（2）汉字大写数字书写，不允许使用未经国务院公布的简化字或谐音字。汉字大写数字金额“壹、贰、叁、肆、伍、陆、柒、捌、玖、拾、佰、仟、万、亿、元、角、分、零、整”等易于辨认、不易涂改的字样，不得用0、一、二（两）、三、四、五、六、七、八、九、十等简化字代替，不能任意自造简化字；不能用“毛”代替“角”、“另”代替“零”，以“廿”代替“贰拾”。

（3）汉字大写数字书写，字体要各自成形，大小匀称，排列整齐，字迹要工整、清晰。

二、汉字大写数字的书写要求

（1）大写金额前应加“人民币”字样。中文大写金额前应加“人民币”字样，并且与第一个大写数字之间不能留有空格，写数与读数顺序要一致，如“人民币伍仟元整”，而不是“人民币　伍仟元整”。

（2）数量词和数位词的书写要标准化。汉字大写的数量词为“壹、贰、叁、肆、伍、陆、柒、捌、玖、拾、佰、仟、万、亿、元、角、分、零”；数位词为“拾、佰、仟、万、亿”等。汉字大写的数量词和数位词不准用汉字小写的数量词和数位词代替，如汉字大写的“壹”不准用汉字小写的“一”代替，汉字大写的数位词“拾”不准用汉字小写的“十”代替，汉字大写的数量词“零”不能用汉字“另”代替，已简化的汉字不能用繁体字代替。

（3）正确运用“整”字。

1）中文大写金额到“元”为止的，应当在“元”后边写“整”字，如“￥780.00”的大写金额应该写成“人民币柒佰捌拾元整”；

2）中文大写金额到“角”为止的，一般通常不在“角”之后加“整”字，如“￥870.5”的大写金额应该写成“人民币捌佰柒拾元伍角”，但目前仍存在在“角”的后面加“整”的情况，我们要求按照正规的写法，不在“角”之后加“整”字；

3）中文大写金额到“分”位的，不在“分”后面加“整”字，如，“￥9,876.54”的大写金额应当写成“人民币玖仟捌佰柒拾陆元伍角肆分”。

（4）正确书写“零”字。

在汉字大写金额中，“零”的使用比较复杂，平常在工作的过程中，财务人员要认真研究、了解和使用。下面以阿拉伯数字书写金额与汉字数字大写金额对照说明汉字大写“零”的用法：

1）金额没有角分的“零”字不写，如“￥580”的汉字大写金额为“人民币伍佰捌拾元整”；

2）金额有效数字后面全为“零”的不写，如“￥78,000.00”的汉字大写金额为“人民币柒万捌仟元整”；

3）金额有效数字前面的“零”字不写，如“￥0.08”的汉字大写金额为“人民币捌分”；

4）金额有效数字中间的“零”字必须写，如“￥30,508.03”的汉字大写金额为“人民币叁万零伍佰零捌元零叁分”；

5）金额有效数字中间有两个“零”以上的，可只写一个“零”，如“￥70,008.03”的汉字大写金额为“人民币柒万零捌元零叁分”；

6）金额个位数字为“零”的，需要写个位的“零”，如“￥700.50”的汉字大写金额为“人民币柒佰元零伍角”；

7）金额万元以上的写法，如“￥54,075,000.00”的汉字大写金额应写为“人民币伍仟肆佰零柒万伍仟元整”，而非“人民币伍仟肆佰万零柒万伍仟元整”。

（5）数位值书写要标准，“壹”开头的别丢“壹”。当阿拉伯数字首位是“1”时，中文大写金额前面必须写上“壹”字，如“￥100,000”的汉字大写金额为“人民币壹拾万元整”。

（6）汉字大写金额数字的写法要与读法相对应，如“￥253,600,000.00”，汉字大写金额应写为“人民币贰亿伍仟叁佰陆拾万元整”，不能写成“人民币贰点伍叁陆亿元整”。

（7）用汉字数字并列大写多笔金额时，要前齐尾空。

◇实训二◇

1. 将下列小写金额转换为大写金额。

（1）￥1,576.00　　大写金额：

(2) ¥1,785,200.47　　　　大写金额：

(3) ¥12,557,860.50　　　大写金额：

(4) ¥3,968,200.09　　　　大写金额：

(5) ¥1,576.53　　　　　　大写金额：

2. 将下列大写金额转换为小写金额。

(1) 人民币玖佰贰拾柒元伍角肆分　　　　　　　应写成

(2) 人民币伍仟贰佰万零陆仟玖佰柒拾捌元整　　应写成

(3) 人民币叁仟万零贰拾元整　　　　　　　　　应写成

(4) 人民币贰仟捌佰壹拾玖万零贰拾叁元整　　　应写成

(5) 人民币柒佰陆拾伍元玖角捌分　　　　　　　应写成

3. 将中文大写数字从零到拾书写10遍。试试看5分钟以内你写完了吗？是否正确、清晰、整齐、流畅、标准、规范和美观？

4. 更正书写的错误方法，指出下列各大写数字及数位词在书法上的正确与错误(认为正确的在括号内打"√"符号，不正确的在括号内写上正确的字)。

壶（　）贰（　）参（　）肆（　）五（　）

陆（　）柒（　）柴（　）染（　）捌（　）

玖（　）玫（　）拾（　）零（　）伯（　）

佰（　）千（　）仟（　）壹（　）万（　）

亿（　）乙（　）角（　）元（　）伍（　）

◇知识拓展◇

大写数字的由来

不知你注意过没有，在发票、进出账单、采购单、出入库单、支票、合同、结算凭证等全部数字还有大写的要求，为何会有这个要求呢？汉字的金额大写数字的广泛应用，是防人篡改数字进行经济犯罪而采取的有效措施。

大写数字的形成，起因是一段反贪树廉的故事。

传说在明朝初年，有一个规定，每年全国各布政使司、府、州、县都要派计吏到户部呈报地方财政的收支账目及钱粮数，各级政府之间及与户部之间的数字，必须完全相符。稍有差错，即被退回重报，由于地方与京城相距遥远，为节省时间，免去路途奔波，各地便带上了盖有官印的空白账册。如被驳回，则随时填写更正。因为空白账册上盖有骑缝印，朝廷的户部也就没有干预。各地的这种做法，后来招来大案。

1385年明洪武十八年3月，爆出了户部侍郎郭桓特大贪污案，震惊全国。郭桓勾结刑、礼、兵、工等六部大小官员及各省官僚、地主，贪污税粮及鱼盐等，折米二千四百余万石，这差不多和全国秋粮实征的总数持平，除此之外，他还侵吞大量金银财宝。

郭桓的做法：利用空白账册做文章，然后大肆篡改空白账册。朱元璋知晓此事后，龙颜大怒，下令把郭桓等六部的十二名高官及左右侍郎以下同案犯数万人，给以严办。

为反贪树廉，朱元璋还制定了惩治经济犯罪的严格法令，并在财务管理上进行防范，实施了一些行之有效的措施，如把记载钱粮数字的汉字“一、二、三、四、五、六、七、八、九、十、百、千”改为大写“壹、贰、叁、肆、伍、陆、柒、捌、玖、拾、佰、仟”，这样在涂改账目、作假账上就难了。

朱元璋过去是佃农的儿子，成了孤儿，要过饭，当过和尚，当过劳工，知道老百姓的疾苦，痛恨贪官，他规定：凡贪赃白银六十两以上的郡守、县令（含朝廷同级官员），按贪款数额多少，叛决枭首示众、凌迟处死直至诛灭九族，随后还要“剥皮囊草”——用贪官的人皮楦成草皮袋子高悬于公堂旁边，“救法以峻刑，诛一以警百”。他的做法骇人听闻，太野蛮、太残酷，但反映了他对贪官污吏的切齿痛恨和反贪的决心。

任务三　票据数字的书写规范

无论是银行还是企事业单位或者个人填写的各种票据和结算凭证，都是办理支付结算和现金收付的重要依据，直接关系到支付结算的准确、及时和安全。票据和结算凭证是银行、企事业单位和个人凭以记载账务的会计凭证，是记载经济业务和明确经济责任的一种书面证明。因此，填写票据和结算凭证必须做到标准化、规范化、要素齐全、数字正确、字迹清晰、不错漏、不潦草，防止涂改。

中文大写金额数字应用正楷或行书填写，如壹、贰、叁、肆、伍、陆、柒、捌、玖、拾、佰、仟、万、亿、元、角、分、零、整（正）等字样，不得用一、二（两）、三、四、五、六、七、八、九、十、毛、另（或0）等填写，不得自造简化字。如果金额数字书写中使用繁体字，如贰、陆、亿、万、圆的，也应受理。

票据书写人民币大写的正确写法如下：

（1）中文大写金额数字到“元”为止的在“元”之后应写“整”（或“正”）字；在“角”之后，可以不写“整”（或“正”）字；大写金额数字有“分”的，“分”后面不写“整”（或“正”）字。

（2）中文大写金额数字前应标明“人民币”字样，大写金额数字应紧接“人民币”字样填写，不得留有空白。大写金额数字前未印“人民币”字样的，应加填“人民币”三字，在票据和结算凭证大写金额栏内不得预印固定的“仟、佰、拾、万、仟、佰、拾、元、角、分”字样。

（3）阿拉伯数字小写金额数字中有“0”时，中文大写应按照汉语语言规律、金额数字构成和防止涂改的要求进行书写。

1）阿拉伯数字中间有“0”时，中文大写要写“零”字，如￥1,409.50应写成人民币壹仟肆佰零玖元伍角；

2）阿拉伯数字中间连续有几个“0”时，中文大写金额中间可以只写一个“零”字，如￥6,007.14应写成人民币陆仟零柒元壹角肆分。

3）阿拉伯金额数字万位和元位是“0”，或者数字中间连续有几个“0”，万位、元位也是“0”但千位、角位不是“0”时，中文大写金额中可以只写一个零字，也可以不写“零”字，如￥1,680.32应写成人民币壹仟陆佰捌拾元零叁角贰分，或者写成人民币壹仟陆佰捌拾元叁角贰分。又如￥107,000.53应写成人民币壹拾万柒仟元零伍角叁分，或者写成人民币壹拾万零柒仟元伍角叁分。

4）阿拉伯金额数字角位是“0”而分位不是“0”时，中文大写金额“元”后面应写“零”字，如￥16,409.02应写成人民币壹万陆仟肆佰零玖元零贰分，又如￥325.04应写成人民币叁佰贰拾伍元零肆分。

（4）阿拉伯小写金额数字前面均应填写人民币符号“￥”，阿拉伯小写金额数字要认真填写，不得连写，以致分辨不清。

（5）票据的出票日期必须使用中文大写，为防止变造票据的出票日期，在填写月、日时，月为壹、贰和壹拾的，日为壹至玖和壹拾、贰拾和叁拾的，应在其前加“零”字，日为拾壹至拾玖的应在其前加“壹”字，如1月15日应写成零壹月壹拾伍日，再如10月20日应写成零壹拾月零贰拾日。

（6）票据出票日期使用小写填写的，银行不予受理；大写日期未按要求规范填写的，银行可予受理，但由此造成损失的由出票人自行承担。

（7）所有银行单据需同时按规定格式填写大小金额且大小写金额必须相符。

（8）如银行单据中预印了固定的“仟、佰、拾、万、仟、佰、拾、元、角、分”等字样，最高位以上的空处需以“￥”符号填充。

◇实训三◇

把以下票据的小写日期写成大写日期。

（1）2001年5月2日　　　　大写日期：

（2）2002年3月9日　　　　大写日期：

（3）2004年10月11日　　　大写日期：

（4）2011年10月10日　　　大写日期：

◇知识拓展◇

王三民常年给上海绿色怡人酒店供应食品，2××8年3月10日，上海绿色怡人酒店交付给王三民中国农业银行上海分行转账支票一张，这张支票在交付时只记载了小写金额1,236元，收款人及大写金额均未记载，2××8年3月25日，王三民在未补记收款人及大写金额的情况下，将支票转移支付给他人。后来，此支票几经转手，在填写了大写金额“柒仟贰佰叁拾陆元整”且小写金额被篡改为7,236元后，于2××8年5月1日由李四金持有。李四金将支票交于江苏苏州农村商业银行，江苏苏州农村商业银行从饭店账户上划款7,236元至李四金的账户。上海绿色怡人酒店将江苏苏州农村商业银行及王三民告上上海静安区人民法院，要求他们承担连带责任，返还不当得利6,000元以及利息205.32元。

上海静安区人民法院审理后作出判决：从查明的事实看，王三民并未变造小写金额，江苏苏州农村商业银行系正常办理结算业务，两方均未有过错，故上海绿色怡人酒店诉讼请求的理由不能成立，对其诉请，予以驳回。

我们作为财务人员，从本案中应该得到什么启示？

任务四　货币符号的书写规范

《会计基础工作规范》第五十二条具体规定："阿拉伯金额数字前面应当书写货币币种符号或者货币名称简写和币种符号。币种符号与阿拉伯金额数字之间不得留有空白。凡阿拉伯数字前写有币种符号的，数字后面不再写货币单位"；"所有以元为单位（其他货币种类为货币基本单位）的阿拉伯数字，除表示单价等情况外，一律填写到角分；无角分的，角位和分位可写'00'，或者符号'—'；有角无分的，分位应当写'0'，不得用符号'—'代替"。

因此，财务或者出纳人员，在财务工作中填制凭证时，小写金额前一般均加以人民币符号"¥"。"¥"是拼音"YUAN"（元）的缩写，"¥"既代表了人民币币制，又表示了人民币"元"的单位。所以小写金额前填写"¥"以后，数字之后就不必再写"元"了，如¥5,529.03，即为人民币伍仟伍佰贰拾玖元零叁分。

书写时在"¥"与数字之间不能留有空位，以防止金额数字被人涂改。阿拉伯小写金额数字前面均应填写人民币符号"¥"，阿拉伯小写金额数字要认真填写，不得连写，以致字迹分辨不清。

在登记会计账簿或者编制报表时不能使用"¥"符号，因为账簿、报表上不存在金额数字被涂改而造成损失的情况。在账页或报表上如果使用"¥"，反而会增加错误的可能性。

◇知识拓展◇

人民币符号的起源

人民币的符号为"¥"，1948 年 12 月 1 日，中国开始发行的人民币是以"元"为单位，而"元"的汉语拼音为 YUAN。元的拼音的第一个字母，再添加两横，组成人民币符号"¥"。

我国的人民币简写符号"¥"是如何演化过来的呢？

人民币简写符号"¥"的演化要追溯到民国时期。国民党政府在 1935 年对我国货币币制进行改革，以法制形式强制确定了流通货币，称为"法币"。起初法币同英镑保持一定的比价，后来随着美元在国际市场上的作用越来越大，法币开始同美元挂钩。所以，法币符号就借用美元符号写成"$"。中国人民银行于 1948 年 12 月 1 日成立后，发行了新中国第一套人民币，但在解放初期，人们书写阿拉伯数字金额时，还习惯沿用"$"作为封头符号。

1955 年 3 月 1 日，中国人民银行发行了第二套人民币，最终才正式确定人民币的符号。因为人民币单位为"元"，而"元"的汉语拼音是"YUAN"，因此，人民币符号就采用"元"字汉语拼音字母中的第一个字母"Y"。为了区别"Y"和阿拉伯数字之间的误认和误写，就在"Y"字上加上两横而写成"¥"，读音仍为"元"。从此，人们就开始用"¥"符号表示人民币，在书写数字金额时用"¥"作封头符号，如人民币 100 元写作"¥100"或者"RMB 100"。

在经济往来和会计核算中，在逐位填写金额的表格中用阿拉伯数字填写金额时，在金额首位之前加一个“¥”符号，既可防止在金额前填加数字，又可表明是人民币的金额数量。由于“¥”本身表示人民币的单位“元”，所以，凡是在金额前加了“¥”符号的，金额后就不需要再加“元”字。

◇项目综合实训◇

1. 将下列小写金额转换为大写金额。

（1）¥1,983.20　　　　大写金额：

（2）¥1,284,123.69　　　　大写金额：

（3）¥633,564,861.50　　　　大写金额：

（4）¥32,689,265.09　　　　大写金额：

（5）¥188,576.94　　　　大写金额：

2. 将下列大写金额转换为小写金额。

（1）人民币伍佰贰拾玖元伍角壹分　　　　应写成

（2）人民币叁仟陆佰万零贰仟柒佰陆拾捌元整　　　　应写成

（3）人民币肆仟万零伍拾元整　　　　应写成

（4）人民币叁仟壹佰陆拾伍万零叁拾叁元整　　　　应写成

（5）人民币玖佰叁拾肆元玖角陆分　　　　应写成

3. 把以下票据的小写日期写成大写日期。

（1）1988 年 7 月 3 日　　　　大写日期：

（2）2012 年 5 月 19 日　　　　大写日期：

（3）2014 年 11 月 12 日　　　　大写日期：

（4）2015 年 10 月 12 日　　　　大写日期：

（5）1989 年 10 月 10 日　　　　大写日期：

4. 实训。

（1）北京宏图伟业科技技术有限责任公司于 2008 年 3 月 5 日欲向中国农业银行提取备用金 23,580 元，作为出纳的你请填下面的现金支票。

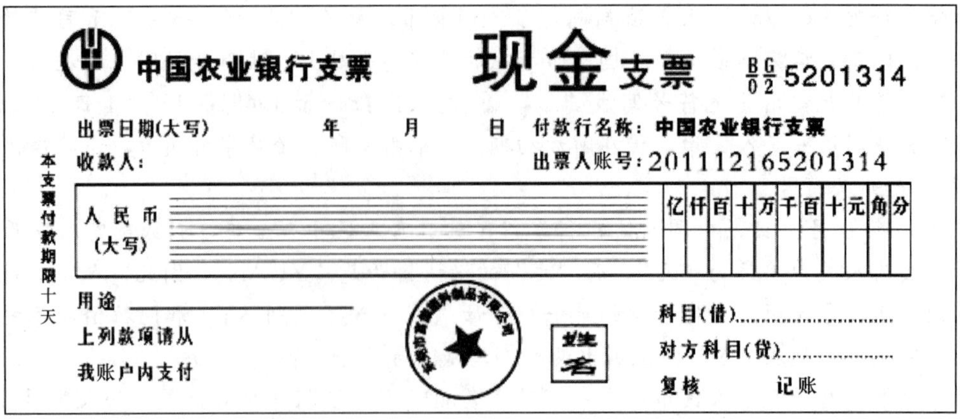
中国农业银行支票　现金支票　BG 02 5201314

出票日期(大写)　年　月　日　付款行名称：中国农业银行支票

本支票付款期限十天

收款人：　出票人账号：201112165201314

人民币（大写）	亿	仟	百	十	万	千	百	十	元	角	分

用途

上列款项请从

我账户内支付

姓名

科目(借)

对方科目(贷)

复核　记账

(2) 北京宏图伟业科技技术有限责任公司采购人员刘伟于2008年4月19日开走转账支票一张，预付北京宏图大志有限责任公司原材料款678,350元，作为出纳的你请填写下面的转账支票。

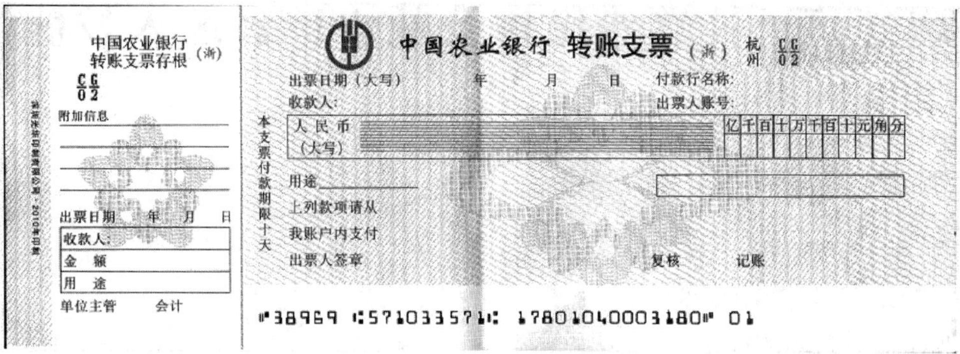

中国农业银行转账支票存根（浙）
CG 02
附加信息
出票日期　年　月　日
收款人：
金　额
用　途
单位主管　会计

中国农业银行　转账支票（浙）　杭州　CG 02
出票日期（大写）　年　月　日　付款行名称：
收款人：　出票人账号：
本支票付款期限十天
人民币（大写）　亿 千 百 十 万 千 百 十 元 角 分
用途
上列款项请从
我账户内支付
出票人签章　复核　记账

⑈38969 ⑆57103357⑆ 1780104000318O⑈ 01

(3) 北京宏图伟业科技技术有限责任公司于2008年2月16日申请办理银行汇票，欲向北京宏图大志有限公司支付货款，将银行存款60,000元转入银行汇票存款，要求填写下面的银行汇票申请书。

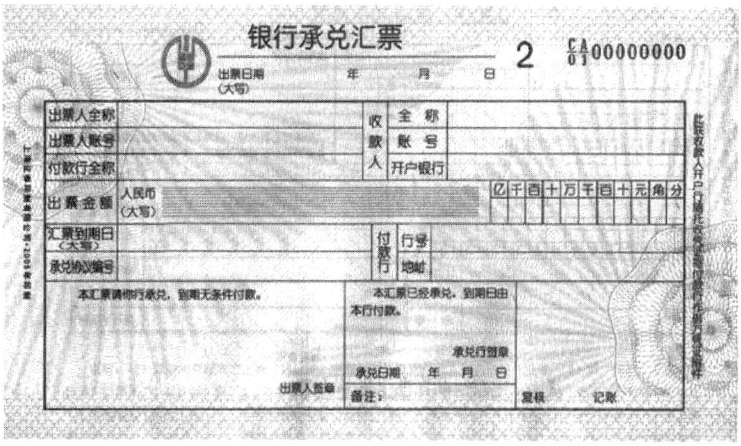

银行承兑汇票　2　CA 01 00000000
出票日期（大写）　年　月　日

出票人全称		收款人	全　称	
出票人账号			账　号	
付款行全称			开户银行	
出票金额	人民币（大写）			亿 千 百 十 万 千 百 十 元 角 分
汇票到期日（大写）		付款行	行号	
承兑协议编号			地址	

本汇票请你行承兑，到期无条件付款。
出票人签章

本汇票已经承兑，到期日由本行付款。
承兑行签章
承兑日期　年　月　日
备注：　复核　记账

项目二　计算器操作及数字键盘录入技能

项目目标

1. 熟悉计算器的结构及基本操作；
2. 掌握计算器的盲打技术；
3. 应用计算器进行传票算；
4. 对数字键盘进行录入。

项目内容

1. 认识计算器；
2. 计算器的使用；
3. 计算器盲打及传票算计能；
4. 数字键盘录入要点。

项目用具

电子计算器，学生练习用传票本、笔、票夹，电脑小键盘等。

任务一　认识计算器

计算器一般是指“电子计算器”，是现代人发明的可以进行数字运算的电子机器，具有体积小、质量轻、价格低、运算速度快、操作简单、便于携带等优点，解决了电子计算机体积大、耗电多、价格高及不便携带等问题，因此很快被市场所接受，并广泛用于社会经济生活的各个方面，是必备的办公用品之一。

一、计算器的种类

现在市场上的计算器各种各样，它们规格不同，型号也不同。因此没有一个统一的标准对计算器进行严格的分类。为了让读者对计算器有一个初步了解，可以按功能将计算器分为三类：

（1）算术型计算器——可进行加、减、乘、除等简单的四则运算，又称简单计算器，如图 2-1 所示。

（2）科学型计算器——可进行乘方、开方、指数、对数、三角函数、统计等方面的运算，又称函数计算器，如图 2-2 所示。

图 2-1　算术型计算器

图 2-2　科学型计算器

（3）程序计算器——可以编程序，把较复杂的运算步骤存储起来，进行多次重复的运算，如图 2-3 所示。

图 2-3　程序计算器

二、一般计算器的功能键

各种计算器的型号不一样，种类繁多，各自外部组成部分有所差异，但其外形结构大致相同。其基本由基本功能键、显示器、电源开关、电池板组成。计算器常见的基本功能键如图 2-4 所示。

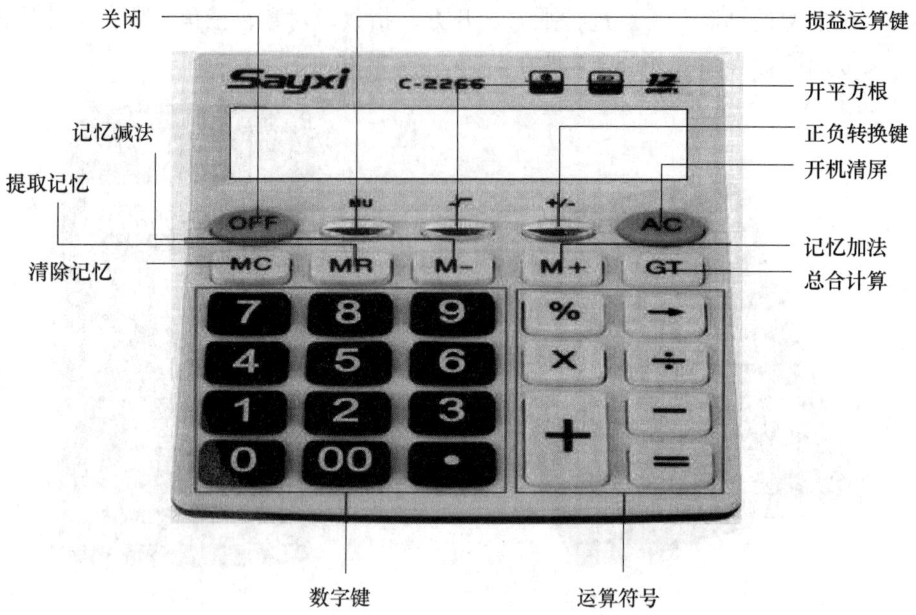

图 2-4　计算器常见的功能键

（1）电源开关键：ON/AC、OFF。

（2）数字键：0～9。

（3）运算功能键：＋、－、×、÷、＝，注意加、减、乘、除键在计算时都可能代替等号键。

（4）小数点：.。

（5）开平方键：$\sqrt{\ }$，用来进行开平方运算。先输入数字，再按下此键，不必按等号键即可得出结果。

（6）正负转换键：＋/－，可以改变数字的正负号。

（7）百分比键：%，用来计算数字的百分比。

（8）退位键：→，也叫右移键。其功能是荧屏值向右位移，删除最右边的尾数。

（9）求和键：GT，用来计算总和。

（10）记忆加法键：M＋，也叫累加键。其功能是计算结果并加上已经储存的数；用作记忆功能，它可以连续追加。

（11）记忆减法键：M－，也叫累减键。其功能是计算结果并用已储存的数字减去目前的结果。

（12）累计清除键：MC，也叫记忆式清除键。其功能是清除储存数据，清除存储器内容，只清除存储器中的数字，内存数据清除，而不清除显示器上的数字。

（13）存储读出键：MR，表示用存储器中数值取代显示值。按下此键后，可使存储在“M＋”或“M－”中的数字显示出来或同时参加运算，数字仍保存在存储器中，在未按“MC”键以前有效。MR 调用存储器内容，读取储存的数据。

（14）损益运算键：MU，即标离功能，进行价格的标离。

◇实训一◇

1. 在计算器上输入数据“650987352”，因为输入错误，输成了“650987361”，请用适当方式进行修正。

2. 请输入计算式“29034－1512＋7361”，如果在输入的过程中错输成了“29034－1512＋7367”，请选用相应方法进行修正。

◇知识拓展◇

计算器的发展历史

早期的计算器为纯手动式，如算盘、算筹等。算盘通常是以滑动的珠子制成。在西方，算盘在印度阿拉伯数字流行前使用了数个世纪，且在近代中国的记账与商务上仍广泛使用，后来出现机械计算器。17 世纪初，西方国家的计算工具有了较大的发展，英国数学家纳皮尔发明了“纳皮尔算筹”，英国牧师奥却德发明了圆柱形对数计算尺，这种计算尺不仅能做加、减、乘、除、乘方、开方运算，甚至可以计算三角函数、指数函数和对数函数。这些计算工具不仅带动了计算器的发展，也为现代计算器的发展奠定了良好的基础，成为现代社会应用广泛的计算工具。

1642 年，年仅 19 岁的法国伟大科学家帕斯卡（Pascaline）发明了第一部机械式计算器，在他的计算器中有一些互相联锁的齿轮，一个转过十位的齿轮会使另一个齿轮转过一位，人们可以像拨电话号码盘那样，把数字拨进去，计算结果就会出现在另一个窗口中，但是只能做加减计算。1694 年，莱布尼兹（Leibniz）在德国将其改进成可以进行乘除的计算器。此后，一直要到 20 世纪 50 年代末才有电子计算器的出现。

19 世纪，巴贝奇将计算工具的概念往前推，试图创建第一个可编程式计算器，但他建造的机器太重了，因而无法操作。

20 世纪 70 年代开始，微处理器技术被吸纳进计算器制程，最初的微处理器是 Intel 于 1971 年为日本某计算器公司生产的，1972 年惠普推出第一款掌上科学计算器 HP-35。

任务二　计算器的使用

一、基本要求

（1）坐姿端正：正确坐姿（图 2-5）会使操作者轻松自如、动作协调、输入速度加快。身体坐得稍微正直点，做到身体自然放松，注意自我调整手和计算器之间的距离，以自我觉得舒适为准。

图 2-5　使用计算器的正确坐姿

（2）放置平稳：使用计算器时，放置一定要平稳，以免按键时晃动和滑动，影响按键的速度及准确性。计算器放置的位置一般以方便操作为宜。我们通常以右手击打键盘，一般放在右边的合适位置。位置确定后，不要随便移动，以免影响运算速度。

(3) 握笔正确：尽量保持用右手握笔打击键盘及书写答案，这样会使运算速度大大提高。

(4) 用力均匀：由于计算器的键盘比较小，按键排列密集，按键时用力要均匀，要按到底。不能用手指或钢笔敲击键盘。

(5) 精力集中：注意力集中是保证运算正确的前提条件。按数字键后，应看看显示器上的数字是否正确。

(6) 动作协调：保持头部不动，眼看账表，手敲键盘，分工明确，眼看手到，答案书写无误。

二、计算器的基本使用方法

(1) 按数字键从高位开始输入第一个需要计算的数据。

(2) 按需要的运算符号键。

(3) 输入第二个需要计算的数据。

(4) 按等号键即会出现结果。

(5) 多步运算的，可以接连按运算符号键进入下一步计算。

三、计算器在使用过程中需要注意的问题

(1) 每次运算前，要清除计算器里的数据，按一下清除键 ON/AC。

(2) 避免掉落计算器和使其受到其他强烈撞击。

(3) 不要将计算器保存或放置于高温、高湿或灰尘多的地方。暴露于低温时，计算器可能需要更多时间来显示结果，有时甚至无法操作。一旦将计算器带回正常温度时，即可使操作恢复正常。

(4) 不要用稀释剂或苯之类的挥发性液体来清洁计算器。应用柔软的干布或用浸过中性洗涤剂后绞干了的布块擦拭。

(5) 停止使用时，应确认电源开关置于“OFF”，节约用电；长期不用时，将电池取出，以免电池漏液损害计算器；更换电池时，注意及时按关闭键。

◇实训二◇

一、选择题

1. 计算 $(-6)^2$ 时，下列按键方法正确的是（　）。

A. 6　+/-　y^x　2=

B. 6　y^x　2=

C. 6　y^x　2=+/-

D. 2　y^x　6=+/-

2. 开机后，用计算器求 24^3，第三步应按（　）。

A. 4　　B. 3　　C. y^x　　D. =

二、填空题

1. 开启计算器按________键，清除键是________。

2. 填写下列表格。

按键	显示
2　5	
+	
4	
×	
1　5	
=	

按键	显示
0.5　+/−	
×	
5	
y^x	
3	
=	

◇知识拓展◇

神秘的 12345679

在计算器上输入“12345679”（注意，没有“8”）。让你的朋友在 1～9 之间选择一个最喜欢的数。假设你的朋友选了数字“5”，然后在计算器上按×5，计算器上将会显示一个很奇怪的数——“61728395”，就好像魔术表演失败了一样。别急，再按×9，奇迹就出现了：计算器上将会显示出“555555555”。

这是因为，111,111,111 正好可以分解成 12,345,679×9，因而 12,345,679×5×9 就等于 111,111,111×5 了。可能会有人问。

任务三　计算器盲打及传票算技能

一、指尖上的舞蹈——盲打技能

会计工作离不开数据，无论使用计算器还是计算机数字键盘，想要提高计算效率，就不能停留在“一指禅”的状态，必须掌握科学快捷的数字输入方法。核算的数据量越来越大，一个手指已经不能满足日常的工作需要，有时候需要 5 个手指都上岗即掌握盲打，才能大大提高工作效率。

所谓盲打，就是练习使用计算器，在击键盘时，只看数字不看键盘来进行计算。数字的录入是会计日常工作的基本功，必须练就盲打技能。操作过程中眼睛不看键盘，强调手、眼、脑的协调配合，做到眼到手就到。

1. 盲打的握笔姿势

进行计算器盲打时，坚持握笔练习，盲打速度会大大提高。敲打计算器的时候，一般为右手执笔，把笔夹在右手拇指和中指之间，然后用食指压住，笔杆末端伸出虎口，笔尖露在食指外侧并露出 1/3，算出答案后直接输入数字（图 2-6）。这样执笔对于击键特别有利，而且便于书写计算结果，减少了取放笔的次数，避免时间浪费。

2. 盲打的指法

计算器盲打指法如图 2-7 所示。

图 2-6　握笔姿势

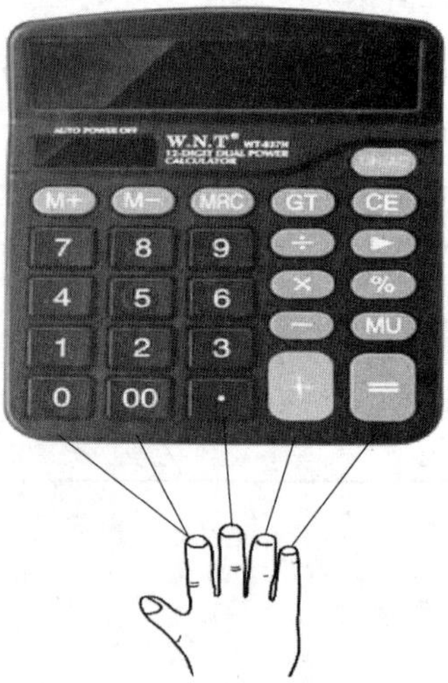

图 2-7　计算器盲打指法

在目前的经济工作中，我们主要使用加、减、乘、除四则运算。标准的计算器在"5"上有个突起点，击键时就应以"5"为中心向其他键位延展。击键时基本位在"4""5""6"上，分别由食指、中指和无名指负责，再延展到其他键位。食指放在 4 位置，中指放在 5 位置，无名指放在 6 位置，食指管"7、4、1、0"及"8、5、2、00"，中指管"9、6、3、."无名指管"+、−、×、÷"，小指管"="，看自己的手指长度和适应度，熟练记住计算器的各个数字的位置，每一次打完数字后，食指、中指、无名指都要回到 4、5、6 基本键位上。手掌上下浮动带动手指敲击键盘，手指微贴键盘有节奏地敲击，不要时快时慢甚至停留。养成良好的指法对以后的提速极为重要。

3. 抄写答案

每一轮盲打结束后，要快速抄写答案。抄写答案应注意以下几点：

（1）看清、看准答案的数字和位数，并且进行快速记忆，在看的同时手要快速将笔从执握姿势调整为书写姿势，并快速记录。

（2）位数较少的数字答案要求尽量一眼后就要快速记录。

（3）答案记录要求快而不乱，书写清晰，分节号、小数点及小数末尾的"0"都必须写全。

（4）书写完毕，快速把书写姿势调整至执握姿势，同时立即准备下轮题目。

二、计算器的传票算技能

传票是指记有文字和数字的单据、凭证，如发票、收据、记账传票等，因在有关人员之间传递周转，故称为传票。传票运算简称为传票算，它是对各种单据、发票和记账凭证进行汇总计算的一种方法，也可称为凭证汇总算。

在财经工作中，对凭证的计算处理是第一道"工序"，企业和金融部门会计人员每天必须翻打很多凭证进行核算。因此，掌握传票算的基本方法，对于企业和金融行业的财务工作者而言，不仅重要，而且必要。我们练习用的传票通常为中国银行计算器测试传票（图 2-8）。

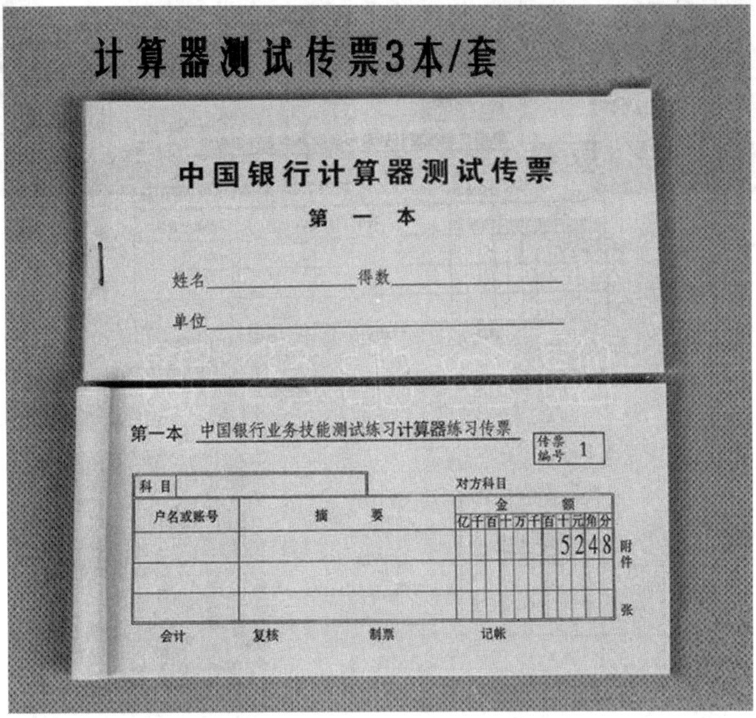

图 2-8　中国银行计算器测试传票

1. 传票的样式及规格

训练用传票本一般为活页式，采用规格长约 19 厘米、宽约 8 厘米的 70g 规格书写纸，用 4 号手写体铅字印刷，每本传票共 100 页，每页 5 行数，由四至九位数组成，其中四位数及九位数各占 10％，五、六、七、八位数各占 20％，都有两位小数；页内依次印有（一）至（五）的行次标记，设任意 20 页的 20 个数据（一组）累加为一题，0～9十个数字均衡出现。

2. 传票的运算方法及步骤

传票算多采用"限时限量"的方式，每题要求 10 分钟以内完成，答数正确算合格。

（1）整理传票。在进行传票运算前，要先对传票进行检查，主要是看有无少页、重页、破页和数字印刷不清等错漏的地方。为了加快翻页的速度和避免翻重页的现象，在运算前需要将传票捻成扇面形状。

捻扇面的方法：用左手拿住传票的左端，左手拇指在传票的封面中部稍左，其余四指在传票封底的中部稍左；右手拿住传票的右端，右手拇指放在传票封面上，其余四指放在传票的封底，以左手为轴，右手轻轻向内捻动，一般右手向内转动两次就可以打成扇形。扇形要求是页页均匀散开，传票封面向里突出，封底向外突出，扇形面不宜过大，最后用夹子将传票的左上角夹住，使扇形固定，防止错乱。由于传票最后几页紧挨桌面，较难翻起，还可以用一个小夹子在传票的右下角将第 100 页与封底夹在一起，使之与桌面有一点间隙，便于翻动。图 2-9 为传票的整理。

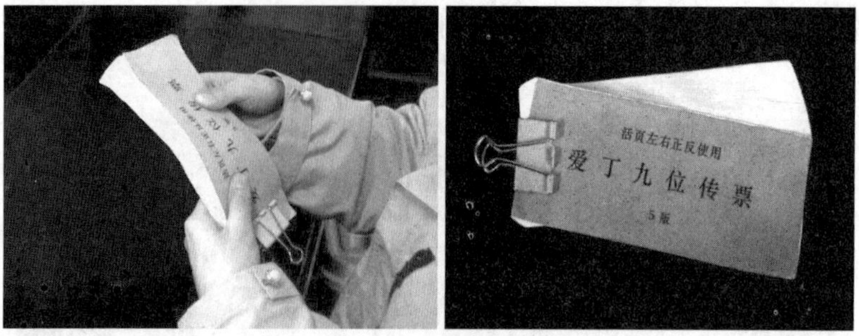

图 2-9　传票的整理

（2）传票的放置位置。

传票放置的位置有三种：一是放在计算器上框左半部略高部位；二是放在计算器的下框左半部略低部位；三是放在计算器左边，与传票算题答案纸呈并列状（图 2-10）。一般以第三种居多。总之，传票的摆放位置要贴近计算器，易于看数和有利于翻页。

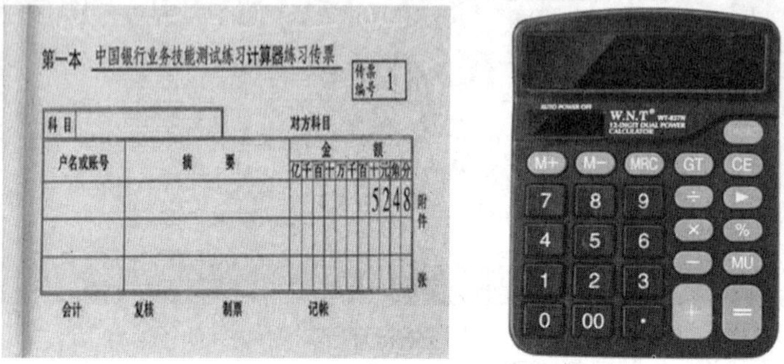

图 2-10　传票与计算器并列摆放

（3）翻页、计算。

一次翻一页方法：拇指翻起传票的起始页，将有关数字从左到右（从高位到低位）依次敲入计算器，然后翻起下一页，再将有关数字从左到右敲入计算器，直到终页。

一次翻多页方法：把左手小指、无名指呈弯曲形压在传票封面中部稍左，拇指同传票平行，用拇指最突出部位轻轻把要翻之页掀起，将此页有关数字从左到右输入计算器，接着拇指马上翻起此页，食指立即弯、缩跨过此页，放在刚翻上去一页传票的下面，中指和食指将传票夹住，以便看清下一页传票的数字。然后按同样的方法翻页，直到运算完毕。

翻页指法如图 2-11 所示。

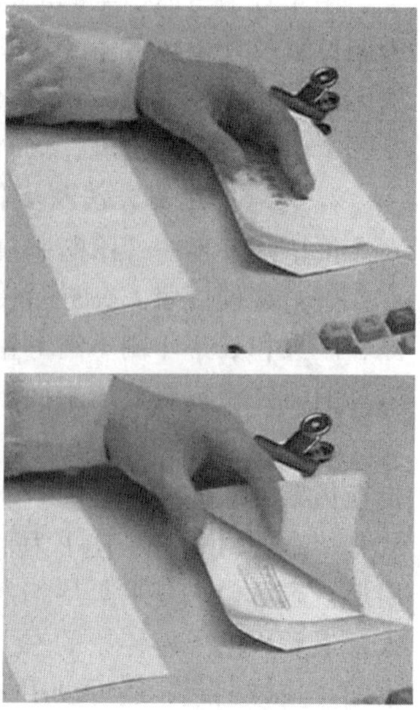

图 2-11　翻页指法图

（4）盯盘或盯显示屏写数。

书写计算结果，要在准确、清晰的基础上求快。这就需要锻炼眼睛捕捉盘上数字的能力，一看就能记住，并做到盯盘写数。

盯显示屏写数是速写计算器结果的一项技巧。方法是：眼睛盯着计算器显示屏上的数、分节号（千分空）和小数点，用眼睛的余光指示左手食指，点着写答数的格子的左前端，右手自动找到左手食指，凭手感从左至右写得数，看数、写数与标分节号（千分空）、小数点一次完成。

例如，将某传票中的第28页抽出，用计算器求第1～100页的合计数。甲版各页数如下：第1页为860.15，第2页为4,700.35，第3页为98,776.30，第4页为172.64，第5页为39,135.76，第6页为10,294.87……一次翻一页打法的解题步骤：将第1页中的860.15从左到右依次键入计算器中，在快键入“15”，拇指翻起第1页，食指和中指迅速夹住第1页。将第2页中的4,700.35从左到右依次键入计算器中，在快键入“35”前，拇指翻起第2页，食指和中指迅速夹住第2页……直到第100页，盯盘或盯屏写出答数。

◇实训三◇

一、计算器盲打训练

用计算器进行盲打，完成下列各题。

1. 横排练习。

123，456，789＋123，456，789＋…

连加十次，连减十次，结果是0。

2. 竖排练习。

食指 147＋147＋…

中指 258＋258＋…

无名指 369＋369＋…

每一个手指连加10次再连减10次。

3. 计算下面各题。

32.98＋9.65＝　　　65.7×13＝　　　33.63÷5.7＝　　　6.34×2.87＝

二、计算器传票算训练

1.

序号	起止页数	行数	答案
1	67～86	(三)	
2	11～30	(二)	
3	10～29	(五)	
4	46～65	(三)	
5	8～27	(一)	

2.

序号	起止页数	行数	答案
1	54～73	(五)	
2	7～26	(一)	
3	4～23	(三)	
4	49～68	(三)	
5	59～78	(四)	

◇知识拓展◇

iPad没有内置计算器

不知你是否奇怪，同为iOS设备的iPad一直没有内置计算器。近日，有自称苹果公司前员工的国外网友透露了事实真相，故事充满了趣味性。

首代iPad正式发布前的一个月，乔布斯忽然将软件部门高级副总裁Scott Forstall叫到了办公室谈话，开题就问："计算器应用的新设计呢？这看起来太糟糕了。"Scott Forstall回应："什么新设计？这就是我们将发布的样子了。"得知软件部门并没有重新设计iPad的计算器应用后，乔布斯表示："不，把它拿掉，我们不能发布这样的东西。"尽管Scott Forstall很想保留计算器应用，但这意味着UI团队不得不重新设计一个计算器方案，不到一个月时间开发出完美应用不太可能，最终就放弃了应用。

不过从那以后，计算器应用便进入空档期，原因在于软件团队有其他更重要的事情要做。而事实是，这已不是乔布斯第一次干涉苹果产品的应用设计了。早在开发初代Mac计算机时，乔布斯曾不断批评工程师Chris Espinosa所提出的概念，这完全激怒了Chris Espinosa，索性就开发出了用户可自由定制的计算器界面，还命名为"Steve Jobs Roll Your Own Calculator Construction Set"，即史蒂夫·乔布斯设计你自己的计算器结构组件。当然，据称当时乔布斯花了10分钟的时间试用，不过在接下来15年时间里，即乔布斯还没有确认最终样式前，这套计算器设计组件也成为Mac的标准计算器工具。

任务四　小键盘录入技能训练

在财务工作中随着会计电算化的普及，我们使用小键盘的频率不断增加，在日常的财务管理、资金管理、资产管理以及票据物资管理中，我们都越来越离不开小键盘。不知不觉中它已经成为银行从业人员、财务人员使用较多的一种录入工具，能快速通过小键盘的录入是银行从业人员、财务人员必须熟练的一项基本技能。

一、小键盘录入概述

电脑键盘是计算机中使用最普遍的输入设备，键盘主要包括五个区域，从上到下依次为功能键区、状态指示区、主键盘区、编辑键区、小键盘区，如图2-12所示。其中，小键盘区是本次任务要掌握的基础和重点。

小键盘区又称为数字键区或副键盘区，是专门向设备输入大量数字的重要输入设备，主要用于数字集中录入。

小键盘根据种类不同共有17～19个键位，包括数字操作键、小数点、数学运算符号、Enter（回车）键、Num Lock（数字锁定）键。各个按键分布紧凑合理，通常用单手操作。

小键盘区的大部分按键具有双重功能：一是代表数字和小数点；二是代表某种编辑功能。利用该区的Num Lock（数字锁定）键可在这两种功能之间进行转换。除此，键盘右上角还有Caps Lock（大写锁定）和Scroll Lock（滚动锁定）两个指示灯。

在小键盘录入训练中，我们可以通过计算机、爱丁数码技能实训机（图 2-13）等专用设备来完成小键盘录入的训练。

图 2-12 键盘功能区图

图 2-13 爱丁数码技能实训机

二、小键盘录入坐姿与指法

1. 坐姿

在财务工作过程中，我们总是会长时间进行录入和计算，所以，要高效率地完成工作，熟练运用小键盘来敲击数字，坐姿非常重要。有了正确的姿势，不仅可减轻人的疲劳感，对提高小键盘录入速度也会起到事半功倍的效果。

在进行小键盘录入训练时，应让头部与身体尽可能保持一条直线。身体要保持平直，肩部放松，腰背不要弯曲。正确坐姿如图 2-14 所示。

若通过计算机进行录入，最好能配备专门的计算机座椅，眼睛的高度应略高于显示器 15°，眼睛与显示器距离为 15～35 厘米。手腕要平直，打字的全部动作都在五个手指上，上身其他部位不要接触键盘。手型要求：手指弯曲自然适度，手要形成勺状，就像手中握着一个鸡蛋，轻放在各手指小键盘的基本键位上。

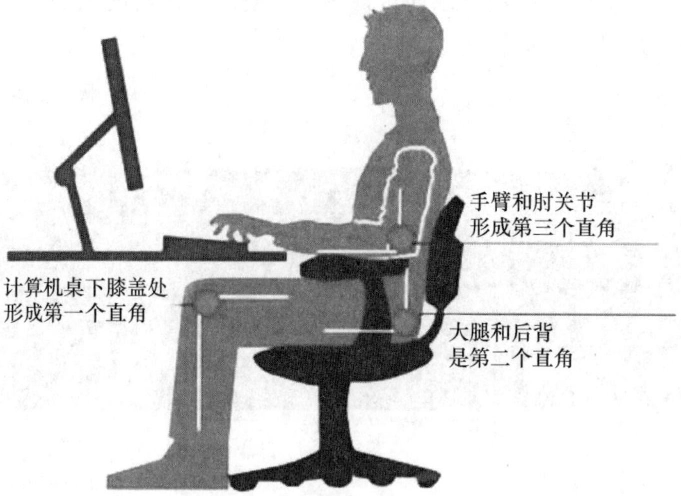

图 2-14　正确坐姿

在进行数据录入时，应将数据原稿放于小键盘左侧，强调注意力的集中，左手翻阅录入数据或指向录入数据，右手进行录入，能做到不看小键盘也能迅速进行数据的录入即盲打。要求击键时主要靠手指和手腕的灵活运动，不靠整个手臂的运动来找键位。敲击键盘要有节奏，要敲不要摸。各手指分工明确，各司其职，不能越位到别的区域敲击按键。击键的力度要适中，过轻则无法保证速度，过重则容易疲劳，击键的要领是轻、快、准。

2. 指法

计算机小键盘是向计算机输入数字、发出命令的重要设备，是银行工作人员及财务人员必不可少的操作工具。小键盘区是键盘中除了主键盘区使用最频繁的键区。在小键盘中，键盘存在原点键位与基本键位，通过找准基本键位与原点键位进行数据的录入，就能达到事半功倍的效果。

在数字小键盘中“4”“5”“6”为基本键位，使用小键盘只能用右手操作，手指在键盘上的位置非常重要。为了便于有效地使用小键盘，通常规定右手的食指、中指、无名指依次位于“4”“5”“6”键位上，用来确定手指在键位上的出发位置。原点键也叫盲打定位键，也就是数字小键盘中的“5”键上有一个凸起的短横或小圆点。通过盲打定位键，在录入时可以通过右手的触摸，较为准确地找到各手指的位置。

准备操作小键盘时，手指应轻轻地放在相应的基本键位上。要提高数字的录入速度，五指负责的按键有严格的分工（图 2-15）。

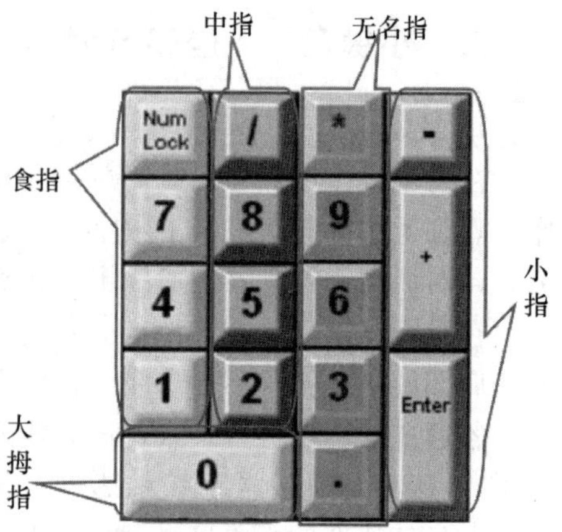

图 2-15　小键盘五指分工图

食指：负责“Num Lock”“7”“4”“1”这四个键。

中指：负责“/”“8”“5”“2”这四个键。

无名指：负责“*”“9”“6”“3”“.”这五个键。

小拇指：负责“－”、“＋”、“Enter”这三个键。

大拇指：负责“0”键。

通过分工明确的划分，在录入数据时只需要将手指从基本键位移至其他键位，录入完后将手指放回基本键位。

在训练中要从基准键位“4”“5”“6”练习开始，再延展到其他键位，渐渐掌握不同键的位置，直到可以不用眼看就准确无误地找准键位。指法练习非一日之功，盲打不能一蹴而就，一定要保证相当的练习时间，需要日积月累，由看打到盲打。

◇实训四◇

1. 一般键盘由哪几个部分组成？

2. 各手指分别负责哪些键位？

3. 小键盘录入

按照正确的坐姿与指法在 word 中进行录入训练。

要求：打开 Word 文档，在文档中输入以下数据：

(1)“0 1 2 3 4 5 6 7 8 9”和“Enter”。

(2)“0/2/3/4/5/6/7/8/9”和“Enter”。

(3)“0 * 2 * 3 * 4 * 5 * 6 * 7 * 8 * 9”和“Enter”。

(4)“0－2－3－4－5－6－7－8－9”和“Enter”。

(5)“0＋2＋3＋4＋5＋6＋7＋8＋9”和“Enter”。

以上五行为一组训练，在训练中需反复进行三轮，结束后在进行核对。

◇项目综合实训◇

一、基础训练

(1) $49\times102-2\times49=$　　(2) $125\times76\times8=$

(3) $125\times56=$　　(4) $302\times99+302=$

(5) $145\times89+145\times21=$　　(6) $72\times98=$

二、加强训练

(1) $124\times38+65\times124+76\times110-76\times7=$

(2) $3,400-62\times34-38\times20-38\times14=$

(3) $3.5\times101-3.5+3.5\times9.9+3.5\times0.1+3.5\times2.7+35\times0.73=$

(4) $3.5\times2.7-3.5\times0.7+(32+5.6)\div0.8+3.5\div0.6-0.5\div0.6=$

(5) $4.9\div3.5+7\div0.25\div47\div0.125\div8=$

三、小键盘录入

请用标准的坐姿与正确的指法在爱丁数码技能实训机中完成录入训练。

(1) 请用正确姿势进行五指指法练习

训练步骤：开机进入传票翻打实训机主界面，选择“计算器”功能模块进入训练。

练习一：竖式练习——敲打 147、258、369。

食指练习“1”“4”“7”键：147 连加 10 次再连减 10 次，最后归 0。

中指练习“2”“5”“8”键：258 连加 10 次再连减 10 次，最后归 0。

无名指练习“3”“6”“9”键：369 连加 10 次再连减 10 次，最后归 0。

三指合练：147258369 连加 10 次再连减 10 次，最后归 0。

练习二：横排练习——敲打 123、456、789

123 指法分工：123 连加 10 次再连减 10 次，最后归 0（食指练习 1 键、中指练习 2 键、无名指练习 3 键）。

456 指法分工：456 连加 10 次再连减 10 次，最后归 0（食指练习 4 键、中指练习 5 键、无名指练习 6 键）。

789 指法分工：789 连加 10 次再连减 10 次，最后归 0（食指练习 7 键、中指练习 8 键、无名指练习 9 键）。

三指合练：123456789 连加 10 次再连减 10 次，最后归 0。

练习三：混合练习——敲打 159、357、13579、24680

159 指法分工：159 连加 10 次再连减 10 次，最后归 0（食指练习 1 键、中指练习 5 键、无名指练习 9 键）。

357 指法分工：357 连加 10 次再连减 10 次，最后归 0（无名指练习 3 键、中指练习 5 键、食指练习 7 键）。

13579 指法分工：13579 连加 10 次再连减 10 次，最后归 0（食指练习 1 键、无名指练习 3 键、中指练习 5 键、食指练习 7 健、无名指练习 9 健）。

24680 指法分工：24680 连加 10 次再连减 10 次，最后归 0（中指练习 2 键、食指练习 4 键、无名指练习 6 键、中指练习 8 键、大拇指练习 0 键）。

(2)“数字录入”指法综合练习

“数字录入”功能是传票翻打实训机里训练传票翻打指法基本功的一个基础模块，通过“数字录入”的训练，可以养成正确的录入姿势和习惯。

“数字录入”指法综合练习训练步骤与提示：

① 开机进入主屏幕后选择“数字传票录入”，进入“基础练习”后，选择不同的键位进行训练；

② 在进入基准键位训练以前需要设置扣分系数与练习时间；

③ 训练按照先少后多的顺序进行。

练习一：使用传票翻打实训机进行单指练习

① 基准键位练习

训练步骤提示：开机进入主屏幕，按照“数字传票录入—基础练习—基准键位”三步选择进行训练，注意在进入基准键位训练以前请设置扣分系数与练习时间。

项目	扣分系数	练习时间	第一次成绩	第二次成绩	第三次成绩
第一组	1 分	30 分钟			
第二组	2 分	20 分钟			
第三组	3 分	10 分钟			

② 食指键位练习

训练步骤提示：开机进入主屏幕，按照“数字传票录入—基础练习—食指”三步选择进行训练，注意在进入基准键位训练以前请设置扣分系数与练习时间。

项目	扣分系数	练习时间	第一次成绩	第二次成绩	第三次成绩
第一组	1分	30分钟			
第二组	2分	20分钟			
第三组	3分	10分钟			

③ 中指键位练习

训练步骤提示：开机进入主屏幕，按照“数字传票录入—基础练习—中指”三步选择进行训练，注意在进入基准键位训练以前请设置扣分系数与练习时间。

项目	扣分系数	练习时间	第一次成绩	第二次成绩	第三次成绩
第一组	1分	30分钟			
第二组	2分	20分钟			
第三组	3分	10分钟			

④ 无名指键位练习

训练步骤提示：开机进入主屏幕，按照“数字传票录入—基础练习—无名指”三步选择进行训练，注意在进入基准键位训练以前请设置扣分系数与练习时间。

项目	扣分系数	练习时间	第一次成绩	第二次成绩	第三次成绩
第一组	1分	30分钟			
第二组	2分	20分钟			
第三组	3分	10分钟			

⑤ 拇指和小指键位练习

训练步骤提示：开机进入主屏幕，按照“数字传票录入—基础练习—拇指、小指”三步选择进行训练，注意在进入基准键位训练以前请设置扣分系数与练习时间。

项目	扣分系数	练习时间	第一次成绩	第二次成绩	第三次成绩
第一组	1分	30分钟			
第二组	2分	20分钟			
第三组	3分	10分钟			

⑥ 五指综合练习

训练步骤提示：开机后选择“数字传票录入—综合练习—综合”进行五指的综合练习，退出系统将显示成绩。

项目	扣分系数	练习时间	字符范围	第一次成绩	第二次成绩	第三次成绩
第一组	1分	30分钟	0～9、＋、－、.			
第二组	1分	25分钟	0～9、＋、－、.			
第三组	2分	20分钟	0～9、＋、－、.			

续表

项目	扣分系数	练习时间	字符范围	第一次成绩	第二次成绩	第三次成绩
第四组	2分	15分钟	0～9、+、-、.			
第五组	3分	10分钟	0～9、+、-、.			
第六组	3分	5分钟	0～9、+、-、.			

练习二：分组练习

训练步骤提示：开机后选择“数字传票录入—综合练习—分组—开始练习”，进行五指的综合练习，退出系统将显示成绩。

项目	扣分系数	练习时间	每组位数	字符范围	第一次成绩	第二次成绩	第三次成绩
第一组	2分	30分钟	6	0～9			
第二组	2分	25分钟	7	0～9、*			
第三组	2分	20分钟	8	0～9、+			
第四组	2分	15分钟	9	0～9、-			
第五组	2分	10分钟	10	0～9、/			
第六组	2分	5分钟	11	0～9、.			

练习三：条形码练习

训练步骤：开机后选择“数字传票录入—综合练习—条形码”进行五指的综合练习，退出系统将显示成绩。

项目	每组题数	时间设置	第一次成绩	第二次成绩	第三次成绩
第一组	10题	30分钟			
第二组	10题	25分钟			
第三组	10题	20分钟			
第四组	10题	15分钟			

(3) 小键盘录入综合练习

按照正确的坐姿与指法在Excel中进行录入训练。

要求：打开Excel电子表格进行以下数据的录入。

第一组

序号	模仿出生年月	模仿手机号码	模仿身份证号码
1	54646550	18686206282	874370169726186368
2	44824988	13378760260	647559029559203796
3	20896349	15637135771	136446596607346799
4	99114271	13713627675	583195692974750415
5	25536643	18972975309	219391562828680437
6	84944101	65083150548	582005254469767774
7	67121420	34025536643	160660145692179642

续表

序号	模仿出生年月	模仿手机号码	模仿身份证号码
8	20582305	90152256635	206477881317748742
9	38956716	89526744267	360970134819151875
10	96814933	19997164611	133450654812667417

录入时间：

第二组

序号	模仿出生年月	模仿手机号码	模仿身份证号码
1	54268953	25611493263	744801690863454745
2	11479498	17774651308	159086005675608572
3	89755975	17015470655	760670715778005423
4	96263943	73452937011	657028849441095771
5	62733897	36006264422	142064207996077514
6	41187566	85602284291	503113694871173100
7	99334180	09794617247	608382586206282651
8	95539878	35772325441	257826283264116315
9	25068499	10739112515	389538908815483799
10	23117293	12391765662	040569783556614091

录入时间：

第三组

序号	模仿出生年月	模仿手机号码	模仿身份证号码
1	14043175	8120007270	569783556614011165
2	97599272	1284395608	524180367628390234
3	59596032	1629232610	389538908815483799
4	42006797	1207227383	976279766116081488
5	21868168	9356356534	557795235413972246
6	74581758	1398477859	517875919242192478
7	69648765	1349375257	498713053109730097
8	14666813	7423713042	906075372397726487
9	97071727	1431873380	312056818293496251
10	14881412	1811290143	112825329887301204

录入时间：

项目三　点钞技能

项目目标

1. 理解点钞技术的含义；
2. 熟练掌握点钞技术的基本方法和动作要领；
3. 掌握机器点钞的基本方法和要求；
4. 掌握防伪、鉴别人民币的方法；
5. 通过学习，提高每位财务和出纳人员的业务技能水平提高点钞速度和工作效率。

项目内容

1. 手工点钞的基本知识；
2. 手工点钞的方法和操作要领；
3. 机器点钞；
4. 真假人民币的鉴别。

项目用具

钞票、捆钞条、簿册、笔、印泥、计算器、甘油、印泥、蘸水池。

任务一　手工点钞的基本知识

一、点钞的概念

点钞就是盘点、清理钞票，保证钞票数量的准确性及钞票的真实性，按照一定的方法和程序核实钞票的数额，在银行中泛指清点各种票币，亦称为票币整点。

目前，钞票的流入流出不仅限于银行和各种金融机构，还涉及企事业单位、个人等，对于银行或金融机构的前台柜员和企事业单位的出纳人员来说，钞票的清点是一项经常性的、大量的、技术性很强的工作。钞票清点技术的高低，速度的快慢，直接影响工作的质量和效率。因此，点钞技术是银行或金融机构前台柜员和企事业单位出纳人员的必要技能，点钞技术的效率和质量是考核银行等金融机构的前台柜员和企事业单位出纳人员业务素质的重要指标，熟练掌握点钞技术是做好前台柜员和出纳人员工作的基础。

二、点钞的基本工序

为了提高自身点钞水平，加快点钞的速度，我们需要把点钞的各个步骤、工序做好。点钞一般包括如下工序：拆把→清点→扎把→盖章→封捆→计算总金额。

1. 拆把

将待点的成把钞票按照不同的点钞方法的要求拿在手中，去掉扎钞条，为点数做好准备，在点钞的过程中需要注意，在钞票未清点完毕之前，扎钞条须保存好。

2. 清点

左手持钞，右手点钞，眼睛注视着翻动的钞票，同时脑中计数。手、眼、脑三位一体，协调配合，准确清点钞票。

3. 扎把

把整点准确的 100 张钞票墩齐，并用扎钞条扎紧，钞票不足 100 张时，需在扎钞条上写上钞票的实点数和总额。

4. 盖章

在捆扎好钞票的扎钞条上加盖点钞人员名章，以明确责任。

5. 封捆

将已扎好的十把钞票用绳子打成一捆，并贴上封签。

6. 计算总金额

将清点好的所有的钞票按面值和实点数计算总金额。

三、点钞的基本要求

按照“五好钱捆”的标准，钞票整点要做到如下几点：钞票点准、票子墩齐，盖章清晰、残票挑拣、扎紧钞票。要掌握好点钞技术，就应该熟练掌握点钞的各个工序，并做好以下几点。

1. 坐姿要端正

坐姿要体现出饱满的精神状态、积极热情的工作态度。坐姿的正确与否关系到点钞技术水平的发挥。正确的坐姿应该是直腰挺胸、两脚平踏地面，全身肌肉自然放松，两小臂置于桌面边缘，左手腕紧贴桌面，右手稍许抬起，左手手腕紧贴桌面，双手配合协作，活动自如。另外，在点钞的过程中，捻钞的手指与钞票的接触面要小，这样做会使钞票票面捻出后迅速弹出，而接触面过大，一方面会使手指往返动作的幅度随之增大，另一方面钞票不容易自然弹出，最终影响点钞速度。

2. 用品定位，操作定型

点钞时，需用的凭证、笔、蘸水池、印泥、图章、扎钞条、点钞机要按照使用顺序的固定位置摆放好，以便点钞时顺手。如将扎钞条放在捻钞的右侧，以方便使用和配合钞票的放置为原则。应将未清点的钞票放在左手边，将蘸水池放在中间，扎钞条放在右手边上侧，清点完毕的钞票放在右手边，使得摆放有序、紧凑、距离恰当，便于操作。

3. 点数要准确

点钞技术的关键是准确。钞票清点和计数的准确是点钞的基本要求。点钞不准确不仅影响日常工作的质量，并且会产生差错，对单位造成损失。

如何才能保证点数准确呢？就是要在点数前做好思想准备、款项准备和工具准备。在点数时，要做到如下几点：精神高度集中；定型操作、坚持复核；眼睛盯钞、双手点钞、脑中计钞，手、眼、脑有效配合。

4. 钞票要清理整齐

由于银行等金融机构或企事业单位收到的钞票中可能有破损、弯折等情况。因此，在点钞之前，要将破损、折角、揉搓严重的钞票抹平、整直。处理完成后，才可以做好点钞的工作，提高点钞的准确度和工作的效率。

5. 动作要连贯

动作连贯是保证点钞质量和提高效率的必要条件。动作连贯主要包括两方面的内容：一是点钞内容要连贯，即拆把、持钞、捻钞、墩齐、扎把、盖章等环节要紧密配合、环环相扣，如点完 100 张钞票并墩齐后，同时左手持钞，右手持扎钞条，左手钞票跟上迅速扎好，左手放下钞票的同时，右手取另一把钞票等，这就是持票与扎把之间动作的连贯；二是捻钞的动作要连贯，捻钞的时候，双手动作协调，速度均匀，切勿时快时慢。

6. 钞票形成要均匀

在清点钞票前，需要将钞票票面打成扇形或坡形，使钞票票面有一个坡度，扇面上每张钞票的间隔距离要保持一致，使之在捻钞的过程中保持连贯、迅速。

7. 票子要墩齐

墩齐是点钞技术中重要的一个环节，直接影响着扎把的质量，进而影响点钞技术的整体质量，包括两个方面：一是清点完钞票进行扎把之前，先要把钞票墩齐，标准为四条边水平，折角抹平，不露出或呈梯形错开；二是钞票清点完毕之后，整齐放置于捻钞的一侧，便于盖章。钞票未放置整齐，就会影响盖章的速度，从而影响点钞的效率。

8. 钞票要捆紧

钞票捆扎要松紧适度，小把要扎紧，大把要捆紧。扎小把，提起把中第一张，以钞票不能被抽出为准；井字形捆扎的大捆，以用力推不变形、抽不出把为准。

钞票的捆扎技术包括两种：

（1）夹条式。钞票清点完毕后扎把时，钞票墩齐朝上，左手持钞，左手大拇指在前，食指在上端将钞票在中间分开，其余手指在后捏住钞票左端，右手大拇指和食指将扎钞条插在钞票中间。将钞票压成弧形，向内绕二三圈，左手食指按住钞票侧面，右手在钞票正面将扎钞条向右折成 45°，三角形折角，并向下将扎钞条从微弧处插入，然后将钞票按平或轻拍两下，最后检查一下是否扎紧，以抓住任何一张钞票将整把钞票提起而不掉下为合格。

（2）压条式。钞票墩齐朝上，左手横握钞票，大拇指在前，其余手指放置在钞票后面，虎口卡住钞票上端，中指、无名指勾住下端，手指发力，将钞票向内翻压，保持适中弧度，右手将扎钞条一端压在左手食指和中指下，右手手心朝内，中指、食指向内夹住扎钞条，以从后向前的顺序缠绕二三圈到钞票正面上端边缘打 45°的三角形结，余下钞条塞入左侧，然后按住钞票保持平直或者轻拍两下，最后检查一下是否扎紧，以抓住任何一张钞票将整把钞票提起而不掉下为合格。

9. 盖章要清晰

盖章是点钞过程中的最后一环，是分清责任的标志。当点钞完成后，应在纸条上加盖点钞人名章，表示其对此把钞票的数量和金额负责。所以，盖章一定要清晰，以便明确责任。

10. 快速整洁

快速是指在点钞准确的基础上提高清点和捆扎的速度，整洁是指桌面物品的摆放要干净整齐、错落有序。

银行柜台人员及企事业单位财务出纳人员只有做到点钞的上述基本要求，才能在办理现金的收付与整点时做到准、快、好。

四、点钞用具

在点钞过程中，为保证钞票清点工作的顺利进行，点钞必需用品要事先准备妥当。常用的点钞用品包括挡板、蘸水池、扎钞条、名章、计算器等。

1. 挡板

挡板亦称为书挡，主要用于挡住需要立放的钞票。挡板一般为铁制品，如图 3-1 所示。

图 3-1　挡板

2. 蘸水池

蘸水池又称为点钞盒，为水池状，池内放有海绵块。将适量的甘油挤入蘸水池内的海绵上，点钞时用捻钞的手指蘸少许甘油，以加大手指与钞面的摩擦力，防止打滑。蘸水池一般为塑料材质，如图 3-2 所示。

图 3-2　蘸水池

3. 扎钞条

扎钞条是用来将钞票扎成整把的纸条。扎钞条纸质比较厚重、比较脆，方便扎紧，如图 3-3 所示。

图 3-3　扎钞条

4. 名章

名章（图 3-4）是点钞人员的人名章，规格为统一的会计用长方形图章，市面上常见的名章多数为原子章，印油一次注入，可以长时间使用，不需要每次盖章时先蘸印油。

图 3-4　名章

5. 计算器

计算器种类繁多，点钞工作只需选用普通的计算器就可以满足点钞要求。

◇知识拓展◇

手工点钞的现状

点钞技术是一项会计入门必不可缺的技能，在出纳工作中起到了越来越重要的作用。会计专业是一门技术要求很高的专业，因此，要求该专业人才必须具有过高过硬的基础，而手工点钞技术作为会计从业者必备技能之一，是现代会计从业最基础也是最重要的技术。

点钞技术的基本工序分为拆把、清点、扎把、盖章、封捆、计算总金额。近年来，随着科技的不断进步和社会快速发展，手工点钞技术凸显的问题越来越多，点钞机的普遍使用迅速取代了手工点钞技术，但手工点钞技术作为一项最为原始的点钞方法，在中小企事业单位中的应用还是较为广泛的。为了深入贯彻执行全国点钞技能教育工作的会议精神，推动学校点钞技能教育教学改革，更好地提高点钞技能教学质量和效益，突出点钞技能教学特色，展示各校学生点钞技能水平，很多学校都积极举办了点钞技能大赛。国家为营造鼓励人们学习点钞技术的社会氛围，积极调动一切劳动、知识、技术、管理和资本的活力，让一切社会财富的源泉充分涌动，通过点钞技能比赛的方式来为社会培养更多的点钞实用人才，越来越多的人都加入了手工点钞技术。相应地，各地区点钞技能大赛将成为激励人们积极参与并展示技能成果的一道独特的风景线。站在这道风景线上大胆比拼的人们，必定将拼搏奋斗的精神以及点钞技能推向更高层次的发展。

任务二　手工点钞的基本方法和操作要领

点钞的基本方法包括手工点钞和机器点钞两种，一般小型的企事业单位中还普遍存在着手工点钞的方法。常见的手工点钞法包括单指单张点钞法、多张点钞法和扇面点钞法等。下面我们具体讲述这几种方法。

一、手工点钞的基本方法

1. 单指单张点钞法

单指单张点钞法包括手持式单指单张点钞法和手按式单指单张点钞法。

（1）手持式单指单张点钞法。手持式单指单张点钞法是指右手拇指一次捻动一张钞票，以此对钞票进行清点的方法，如图 3-5 所示。

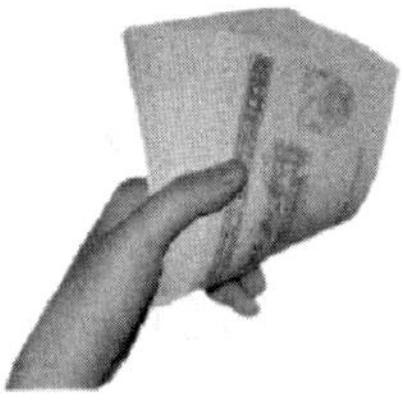

持钞

清点

图 3-5　手持式单指单张点钞法

1）特点。

① 手持钞票的票面面积较小，点钞时能看到的票面面积较大，逐张捻动手感明显，容易发现假币，便于挑拣残票。

② 适用范围广泛，广泛应用于收付款和清点各种大小面额、新旧的钞票。

③ 劳动强度较大，每清点一张就要记一次数，对脑力和体力来说，强度都比较大。

2）操作要领。

① 持钞。双手持钞：钞票面朝下，左手无名指与中指分开，手心向内，夹紧钞票。食指伸向拖住钞票背面，拇指在钞票正面左端三分之一处，按住钞票侧面；右手拇指按住票币正面，其他手指放在钞票背面，将票面压成 120°的外向弓形，双手向内用力将票面撑成微开的扇面，票面左侧与正面形成钝角正对持票人，右手拇指放置于钞票正面，食指、中指在票下，做点钞的准备。

单手起钞：左手单手起钞，右手去掉扎钞条，左手中指、无名指夹住钞票，食指封上端、拇指顶住下端，将钞票掠至桌面边缘时顺势与桌面摩擦，拇指将钞票翻动形成三四厘米的微型扇面，然后，右手拇指在票上，食指、中指在票下，做点钞的准备。

② 清点。左手持钞形成弓状，右手中指、食指固定钞票背面右上角，用拇指尖逐张依次向斜下 45°方向捻动钞票右上角，每张捻出一小边缘，顺势用无名指将捻出的钞票弹拨下来。弹拨之间，动作连贯，且左手拇指依次做出配合，随着点钞的进度，逐步向后移动，始终保持用指尖接触钞票侧面。

注意：点钞时，右手拇指每一张捻动的位置相同，拇指接触票面的面积越小，速度就相应越快；左手虎口呈椭圆形，两臂打开约 120°，眼睛距离钞票票面 20 厘米左右；钞票的左下角要求在一个点上，左手的无名指、中指夹紧钞票，两个手指的第二个手关节在同一平面上，以防钞票随着捻动而散落；钞票左侧推出的小扇面要求每张钞票的距离保持一致；点钞时，手、眼、脑要高度配合，精力要高度集中。

③ 计数。计数与点钞同时进行，计数时可以选择在拇指捻动时计数，也可以选择在无名指弹拨时计数。在点钞速度快的情况下，经常会出现计数速度赶不上点钞的速度，从而影响点钞的效率。所以，计数时采取以 10 为单位的累进的计数法，点钞的效率会大大提高。把十作一，如 1、2、3、4、5、6、7、8、9、1（10），1、2、3、4、5、6、7、8、9、2（20），依此类推，数到 1、2、3、4、5、6、7、8、9、10（100），采用此计数法的优点是将十位数字变为一位数字，简单、快捷，不仅准确，而且省力好记，提高点钞的工作效率。

注意：注意力保持集中；计数时嘴不能出声，不能有读数的嘴形。

a. 挑拣残破钞票。在点钞的过程中，如发现损伤残破钞票，随手向外一扭，掖在外边，点完后抽出残破钞票，补上完整钞票。

b. 墩齐。清点完 100 张钞票后，左手拇指与中指、食指之间捏住钞票，无名指、小指伸进钞票的背面，使钞票的正面朝向持票人身体横在桌面上，双手松开墩齐，再将钞票竖起墩齐，使钞票各端整齐，然后左手持票做扎把准备。

c. 扎把。钞票墩齐朝上，左手横握钞票，大拇指在前，其余手指放置在钞票后面，虎口卡住钞票上端，中指、无名指勾住下端，手指发力，将钞票向内翻压，保持适中弧度，右手将扎钞条一端压在左手食指和中指下，右手手心朝内，中指、食指向内夹住扎钞条，以从后向前的顺序缠绕二三圈到钞票正面上端边缘打 45°的三角形结，余下扎钞条塞入左侧，然后按住钞票保持平直或者轻拍两下，最后检查一下是否扎紧，以抓住任何一张钞票将整把钞票提起而不掉下为合格。

d. 盖章。每点完 100 张钞票，扎把完毕之后，应在扎钞条上加盖点钞人名章，表示其对此把钞票的数量和金额负责。所以，盖章一定要清晰，以便明确责任。

（2）手按式单指单张点钞法。手按式单指单张点钞法是指将钞票放置在桌面上，通过双手一次捻点一张钞票，对钞票进行清点的方法。

1）特点。此方法适用于整点新旧、大小钞票，尤其适用于残破币较多的钞票，也是初学者常常采用的方法之一。因为点钞时展开票面较大，容易注意票币的质感和外观，便于鉴别变造币和伪造币。这种方法的劳动强度相对较大，速度也较慢，但十分准确。

2）操作要领。

① 按钞及拆把。将准备清点的钞票横置桌面上，两臂自然放在桌面上，钞票正对点钞人，以钞票左端为顶点，左手无名指及小拇指按住钞票左前角约三分之一处，小指在前，无名指随后，中指弯曲，然后食指伸向扎钞条下方，将其勾断，中指、无名指、小指随即立起，用指尖按住钞票，手心朝下，拇指与食指张开抬起，准备点数。

左右手拇指轻轻托起钞票内侧边缘的小扇面，左右手食指放在钞票后面。

② 清点。右手手腕微抬，掌心向下，中指自然伸直，用左手或右手的拇指托起钞票的一小部分，用左手或右手的食指捻动钞票，使最上面的一张与小叠钞票分离，用右手或左手拇指隔开这张已分离的钞票，同时计数。当按上述顺序清点第二张时，右手或左手食指将已点数的钞票隔开，如此动作循环往复，直到将钞票清点完毕。需清点的钞票张数过多，点数中双手把持不住时，可以将已点钞票翻扣在未点的钞票前面，然后再按上述要领继续清点未点钞票。

③ 计数。计数方法同手持式单张点钞的计数方法，计数时采取以 10 为单位的累进的计数法，点钞的效率会大大提高。把十作一，如 1、2、3、4、5、6、7、8、9、1（10），1、2、3、4、5、6、7、8、9、2（20），依此类推，数到 1、2、3、4、5、6、7、8、9、10（100），采用此计数法的优点是将十位数字变为一位数字，简单、快捷，不仅准确，而且省力好记，提高点钞的工作效率。

2. 多张点钞法

多张点钞法包括单指双张点钞法、手持式多指多张点钞法和手按式多指多张点钞法三种。

（1）单指双张点钞法。单指双张点钞法是在熟练应用单指单张点钞法的基础上，通过右手拇指一次捻动两张钞票对钞票进行点数的方法。

1）操作要领。此方法左手持钞。

① 持钞。持钞的动作同单指单张点钞法的动作。不过，右手的准备动作不同于单指单张点钞法，是右手拇指用指肚轻轻按在钞票的右上角。

② 指法。清点钞票时，右手拇指指肚上方二分之一处，轻轻将第一张钞票向右下方 45°方向同时捻动两张钞票，当第二张钞票捻出一边，背面形成一个小的弧度时，无名指指尖将两张钞票同时弹出，右手拇指迅速回位，捻下一组钞票，依次做出上述操作，将钞票清点完毕。

③ 计数。计数方法同手持式单张点钞的计数方法，计数时采取以 10 为单位的累进的计数法，点钞的效率会大大提高。把十作一，如 1、2、3、4、5、6、7、8、9、1（10），1、2、3、4、5、6、7、8、9、2（20），依此类推，数到 1、2、3、4、5、6、7、8、9、10（100），采用此计数法的优点是将十位数字变为一位数字，简单、快捷，不仅准确，而且省力好记，提高点钞的工作效率。

2）注意事项。在钞票清点的过程中，因没有熟练掌握清点要领，导致动作脱节、不连贯，就会影响点钞的速度和效率；右手拇指捻钞票的位置、力度要保持一致，避免出现有时捻两张、有时捻三张的情况，从而影响点钞计数。

（2）手持式多指多张点钞法。手持式多指多张点钞法是指钞票同时翻动，一次可以清点四张或者四张以上钞票的方法，从目前来看，它是较快的一种手工点钞方法。

1）特点。手持式多指多张点钞法集多种特点于一体，具体特点如下：

① 每 100 张钞票只需记 25 个数，清点计数比较方便迅速；

② 点钞动作的幅度较小，这样就会有利于点钞的手指归位、到位的时间缩短，从而有利于点钞速度的加快；

③ 相对应的每个周期清点的钞票较多，相应减少了周期的个数，减少了手指运动的周期。

2）适用范围。手持式多指多张点钞法适用于整点 1 元以上的钞票，特别适用于清点整把钞票，适用于复点和竞赛；不过，由于其看到的钞票面积比较小，不利于在点数的同时挑拣残票。

3）操作要领。

① 持钞。右手握住钞票的右端，钞票正面朝外，左手手心面朝自己，中指在前，食指、无名指、小指在后，卡住钞票最左端，左手中指用力伸直，食指、无名指、小指弯曲，往手心方向用力将钞票左侧翻折，使之形状为“瓦”形。左手拇指在钞票左端边缘，将钞票向外推出一个小扇面，同时将钞票右端竖起，将钞票按顺时针方向旋转 90°，同时手腕朝外，钞票上方向持钞人一侧抬起，右手拇指轻轻贴在钞票抬起的右上方的下面，与此同时，食指、中指、无名指、小指弯曲，手心向下，小指点在右上角原点上。

② 点钞。右手小拇指指肚上放到原点，同时通过第一指关节向手心弯曲，使小拇指指肚向下偏向手心的方向迅速捻动钞票。当小拇指将第一张钞票向下捻出大约 2 厘米的票边时，将右手无名指指肚上部迅速放到小拇指所在右上角的原点，通过第一节关节向手心的方向弯曲，使指肚上方与指尖向手心方向迅速向下捻动钞票，小拇指继续沿着之前方向向下带票，中指、食指动作同无名指，顺次捻动钞票。当右手食指、中指、无名指、小拇指各点捻到一张钞票时，四个手指与此同时用力向手心方向继续做捻动钞票的动作，当第四张钞票捻出 2 厘米时，轻抬一下手腕，与此同时，开始第二轮次的清点钞票，依次循环往复，直到点完钞票为止。

③ 计数。每捻四张钞票为一个周期，心中默计一个数，点完 N 个数时，钞票的总张数为 $4N$，如果点过 N 个数后，还剩 X 张（$1<X<4$），那么，此时的钞票的总数应该为 $4N+X$，通常情况下，100 张钞票为一把，一把钞票一共有 25 个周期，因此，只需要记住 25 个数。

注意：心中默默计数，嘴里不能出声音，不准有相应的口形。

④ 挑拣残破钞票。清点钞票的时候，发现存在残破钞票的时候，用两只手指捏住向外折叠，等一把钞票清点完毕后，抽出残破钞票，补上完整钞票。

注意：要减少手腕的动作，拨票时，目标要集中在钞票的右上方，方便点钞人发现残破钞票。

（3）手按式多指多张点钞法。手按式多指多张点钞法是将钞票放置在桌面上，通过双手一次捻动三张或四张钞票，以此对钞票进行清点的方法。

1）特点。手按式多指多张点钞法的速度比单指单张点钞法速度快，由于这种方法在点钞的过程中，所见的钞票票面面积较小，不容易发现假钞，对点钞人来说劳动量较大，而且准确程度也不高。

2）操作要领。

① 按钞。点钞人将钞票斜放在桌面上，钞票的右下方稍微伸出桌角，点钞人坐在椅子上向右斜摆放，使身体与桌子形成一个三角形。右手的手肘放在桌面上，左手中指、无名指和小指按住钞票的左上角。

② 清点。右手大拇指托起右下角的部分钞票，小拇指自然弯曲。三指点钞是以无名指先捻动第一张钞票，随后以中指、食指的顺序各捻起一张钞票，四指点钞是指先用小拇指捻起一张钞票，随后捻起的三四张钞票用左手大拇指推送到食指和中指之间，点数的时候，手指要保持好平衡，固定好位置，不要太高，以免影响速度。

③ 计数。手按式多指多张点钞法采用分组计数方法，三张点钞是每三张一组，计一个数，数到 33 组的最后剩一张，即总数为 100 张钞票；四张点钞是每四张为一组，计一个数，点完 N 个数时，钞票的总张数为 $4N$，如果点过 N 个数后，还剩 X 张（$1<X<4$），那么，此时的钞票的总数应该为 $4N+X$，通常情况下，100 张钞票为一把，一把钞票一共有 25 个周期，因此，四张点钞只需要记住 25 个数。

注意：心中默默计数，嘴里不能出声音，不准有相应的口形。

④ 挑拣残破钞票。清点钞票的时候，发现存在残破钞票的时候，用两只手指捏住向外折叠，等一把钞票清点完毕后，抽出残破钞票，补上完整钞票。

3. 扇面点钞法

扇面点钞最适合用于整点新券及复点工作，是一种效率较高的点钞方法。它是将钞票捻成扇面形状进行清点的方法，此方法点钞速度快，是手工点钞中速度最快的一种，但这种点钞方法清点时往往只看票边，票面可视面极小，不便挑剔残破券和鉴别假票，不适用于整点新旧币混合的钞票。

扇面点钞法一般有拆把、开扇、清点、计数、合扇、墩齐或扎把等基本环节。由于清点方法不同，可分为一按多张点钞法和多指多张点钞法两种。一次按得越多，点数的难度就越大，初学者应注意选择适当的张数。下面我们分别介绍这两种方法。

（1）扇面式一按多张点钞法。

1）持票拆把，钞票竖拿。左手拇指在票前、食指和中指在票后，一并捏住钞票左下角约三分之一处，左手无名指和小指自然弯曲。右手拇指在票前，其余四指横在票后约二分之一处，用虎口卡住钞票，并把钞票压成“瓦”形，再用拇指勾断钞票上的扎钞条做开扇准备。

2）开扇。开扇也叫打扇面，是扇面式点钞最关键的环节。扇面一定要开得均匀，即每张钞票的间隔要均匀。扇面开得匀不匀，直接影响到点钞的准确性。开扇有一次性开扇和多次开扇两种方法。

一次性开扇的方法：以左手为轴，以左手的拇指和食指持票的位置为轴心，右手大拇指用力将钞票往外推，右手食指和中指将钞票往怀里方向转过来，然后向外甩动，同时左手拇指和食指从右向左捻动。左手捻、右手甩要同时进行。一次性开扇效率高，但难度较大。开扇时要注意左右手协调配合，右手甩扇面要用劲，右手甩时左手拇指要放松，这样才能一次性甩开扇面，并使扇面开得均匀。

多次开扇的方法：以左手为轴，右手食指和中指将钞票向怀里左下方压，用右手腕把钞票压弯，稍用力往怀里方向从右侧向左侧转动，转到左侧时右手将压弯的钞票向左上方推起，拇指和食指向左捻动，左手拇指和食指在右手捻动时略放松，并从右向左捻动。这样反复操作，右手拇指逐次由钞票中部向下移动，移至右下角时即可将钞票推成扇形面。然后双手持票，将不均匀的地方拉开、抖开，钞票的左半部向左方抖开，右半部的钞票向右方抖开。这种开扇方法较前一种费时，但比较容易掌握。用这种方法开扇时要注意开扇动作的连贯性，动作不连贯会影响整体点钞速度。

3）清点。清点时，左手持扇面，扇面平持但钞票上端略上翘，使钞票略略倾斜，右手中指、无名指、小指托住钞票背面，右手拇指一次按 5 张或 10 张钞票，按下的钞票由食指压住，接着拇指按第二次，以此类推。同时，左手应随着右手点数的速度以腕部为轴稍向怀里方向转动。用这种方法清点时，要注意拇指下按时用力不宜过大，下按进拇指一般按在钞票的右上角。从下按的张数来看，如出纳员经验丰富，也可一次下按 6 张、8 张、12 张、14 张、16 张等。

4）计数。采用分组计数法，一按 5 张即每 5 张为一组，计满 20 组为 100 张。一按 10 张即每 10 张为一组，计满 10 组即为 100 张。其余以此类推。

5）合扇。清点完毕即可合扇。合扇时，左手用虎口松拢钞票向右边压；右手拇指在前，其余四指在后托住钞票右侧并从右向左合拢，左右手一起往中间稍用力，使钞票竖立在桌面上，两手松拢轻墩。钞票墩齐后即可扎把。

（2）扇面式多指多张点钞法。扇面式多指多张点钞，有一指下 5 张、6 张、7 张、8 张等，最多可达 15 张，因此这种点钞方法的速度相当快。这种点钞方法的持钞拆把、开扇、计数、合扇等方法与扇面式一按多张点钞法相同，仅清点方法有所区别。故这里只介绍它的清点操作过程，并以四指 5 张为例。

清点时，左手持扇面，右手清点。先用左手拇指下按第一个 5 张，然后右手指沿钞票上端向前移动按下第二个 5 张，中指和无名指依次下按第三、第四个 5 张，这样即完成一组动作。当无名指下按第四个 5 张后，拇指应迅速接着下按第一个 5 张，即开始第二轮的操作，手指依次轮流反复操作。由于左手指移动速度快，在清点过程中要注意右臂随各个手指的点数轻轻向左移动，还应注意每指清点的张数应相同。下按 6 张、7 张等钞票的方法与下按 5 张相同，用五个手指、三个手指、两个手指均可清点。其清点的方法与四指多张方法类似。

二、捆扎钞票

扎把时，纸币不论票面金额的大小，都是以 100 张为一把。按券别用宽 2 厘米、长 50～60 厘米的扎钞条分别扎把，每把须盖点钞员人名章。

1. 持钞

将清点好并戳齐的钞票横着立放，正面朝向内侧。左手大拇指以钞票的左部分约二分之一处捏在票币的正面［图 3-6（a）］。其余四个手指捏住钞票的背面［图 3-6（b）］。大拇指向后，四指向前用力，将票面压成向内的一个弧度，形状似“瓦”形［图 3-6（c）］。

(a) (b) (c)

图 3-6 持钞

2. 压条

常用的压条指法有如下四种。

（1）钞后折叠压条法。将扎钞条的一端，用左手的食指横卷压在钞票票面背面的约二分之一处，扎钞条的上边缘平齐钞票票面的上边缘［图 3-7（a）］。

缠绕时右手将扎钞条向左折 90°，左手食指、中指压在折角处［图 3-7（b）］。

(a) (b)

图 3-7 钞后折叠压条法

（2）钞后直接压条法。左手的食指、中指将腰条一端的 2～3 厘米，从上向下压在钞票票面的背面约二分之一的位置（图 3-8）。

图 3-8 钞后直接压条法

（3）中间夹条法。左手持钞票，左手食指放在钞票票面的上边缘，将钞票钞面中间拨开一条缝隙（图 3-9）。

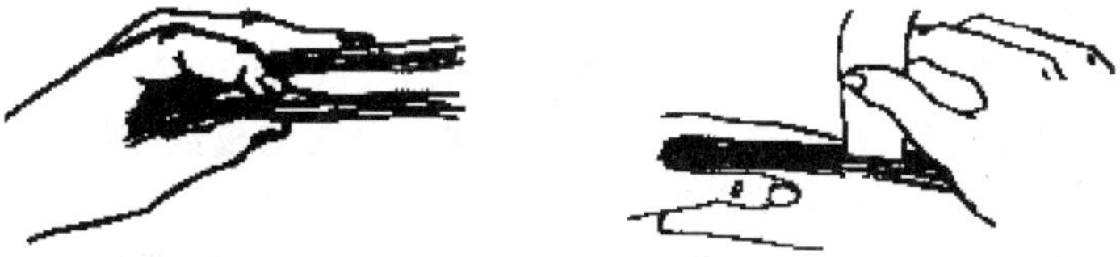

图 3-9 中间夹条法

（4）拧结法。双端拧结法要选用拉力较强的牛皮纸或者类似纸张，宽度与以上方法一样，长度约为 30 厘米。

1）持钞。扎把时，左手持钞票，大拇指在前，食指压在钞票的上部，其余三个手指捏在钞票的后面。右手拇指和食指捏住扎钞条的约三分之一处，另一端放在钞票上侧中间用左手食指压住。

2）拧结。右手将扎钞条绕向钞票的后面，用右手大拇指和食指分别捏住扎钞条的两端，然后将左手捏住钞票上下两侧，右手从钞票背面中间向里顶住钞票，使其形状似“瓦”形，然后捏紧扎钞条两端。左手将钞票向外转动半圈时，将拧好的扎钞条打结拧紧就可以了。

3）扎把。左手持钞票，右手的大拇指、食指、中指分别捏住扎钞条，然后分别向内、向下、向外（或向内）、向上缠绕，扎钞条向上缠绕至与钞票垂直部位时候，用右手保持拉力，使扎钞条缠紧。在缠绕时，右手保持一个倒手的动作。当扎钞条缠绕剩15厘米左右时，右手的大拇指、食指、中指分别压住扎钞条，然后沿着钞票票面边缘向右折90°。右手大拇指按住折角处，右手的食指、中指分别将扎钞条头掖入钞票与扎钞条之间的缝隙里。

用左右手将“瓦”形钞票的票面反向压平，然后在钞票的侧面扎钞处加盖点钞人名章。100张扎把扎钞条缠绕在票币的中间，不足100张扎钞条缠绕在票币的左端一侧。

钞票够100张即成把，扎把是点钞的一道重要程序，有一定的技术要求和质量标准，既要扎得快，又要扎得紧。一般以每两秒钟扎一把为宜，成把后最上面一张用手自然提起，抽不出时最合适。

三、清点硬币

清点硬币，就是用一定的方法或工具查点具体硬币的数量。

清点硬币的方法有两种：一种是用手清点硬币法；另一种是用工具清点硬币法。手工清点硬币法一般用于收款时收点硬币尾零款；大批硬币需用工具来清点。

1. 手工清点硬币法

（1）手工清点硬币法的适用范围。手工清点硬币法就是用手清点硬币的方法。一般常在收款、收点硬币尾零款时使用。

（2）手工清点硬币法的步骤。

1）拆卷。右手持硬币卷的大约三分之一的部位，然后放在包币纸的中间，左手撕开硬币包币纸的一头，右手的大拇指朝下从左至右端压开包币纸，把纸从券的上面压开后，左手的食指压硬币，用右手抽出已压开的包币纸，这样就可以开始清点了。

2）清点。用右手大拇指和食指持币，然后从右向左分组顺序清点。为了保证清点准确，可以用中指在一组中间分开查看。例如，一次点12枚为一组，即从中间分开，每一边各6枚。零头硬币，可先确定标准高，然后清点硬币的数量。

3）计数。采用分组计数的方式，一组为一次，每次的枚数相同，如一组10枚记10次即100枚。

4）包装。清点完硬币后，分别用左右手的无名指依次顶住硬币的两头，用大拇指与食指、中指捏住硬币的两端，将硬币取出放在已备好的包币纸的约二分之一的位置，再用左右手的拇指把里半部的包币纸向外推卷，然后用左右手的中指、食指、大拇指分别将两头包币纸压下均贴至硬币上。如此，硬币两头压三折包装完毕。一般可使用两角式包装纸包装硬币。

5）盖章。用左手滚动硬币卷，右手顺着硬币卷滚动的方向盖章，对不足100枚的硬币要标明数量、金额。

2. 工具清点硬币法

工具清点硬币法就是用工具清点硬币的方法。大批的硬币清点需要用工具来进行。

清点硬币用的工具叫作硬币清点器。目前，使用比较普遍的有推动式和拉锁式两种清点器。

（1）推动式硬币清点器的操作流程。

1）准备工作。

① 摔开法拆卷。左右手的拇指、食指和中指分别捏住硬币卷的两端，自上而下地摔在硬币清点器币槽边上，使硬币包币纸裂开。然后用双手将硬币卷自里而外推进硬币槽内，并将硬币纸卷顺势提起，准备清点。

② 撕角法拆卷。双手大拇指、食指、中指分别捏住硬币卷的两端，将硬币放在硬币槽内的同时，撕去包币纸两端折角，顺势将硬币包装纸拉出准备清点。

2）清点。用双手的大拇指推动制动器的推把，使硬币槽内的活动币齿前移，把硬币槽内硬币前后交错分开，目测每组 5 枚无错后，双手的大拇指松开复原，然后准备封卷。

3）封卷。硬币按每 100 枚一组封卷。双手的无名指和小指并拢顶住硬币槽内硬币的两端，食指和中指在包币卷的前面，大拇指在包币卷后的中间位置，同时紧紧捏住，从硬币槽内提出，放在两角包装纸的中间。双手大拇指将包币纸底端掀开，将硬币卷在纸内，并向前滚动一周，同时，用无名指、中指、食指分别在硬币两端将包币纸 3 次折起封卷完成。

4）盖章。左手滚动币卷，右手顺着硬币卷滚动的方向盖章，不足 100 枚的要标明数量、金额。

（2）拉锁式硬币清点器的操作流程。拉锁式硬币清点器在清点硬币时与推动式硬币清点器的用法基本相同，所不同的是制动器安装的部位并不一致。拉锁式硬币清点器的制动器安装在清点器的本部，且拉锁式靠手来回拉动，使币槽内的硬币交错分布进行清点。其他程序与方法均与推动式硬币清点器相同。

采用工具清点硬币法，在摔开法拆卷时，注意掌握好持币姿势、部位。在撕角法拆卷时，大拇指的指甲要用力，封卷时双手的动作要迅速连贯、协调，卷纸和折角必须在同一时间完成。

◇实训一◇

一、练习点钞方法

练习如下点钞方法，锻炼自己的动手能力，做到熟练应用。

1. 单指单张点钞法。

2. 手持式多指多张点钞法。

3. 扇面点钞法。

二、单项选择题

1.（　）是点钞方法中最基本、最常用、比较简单的一种方法。

A. 手按式单指单张点钞法　　B. 手持式多指多张点钞法

C. 手持式单指单张点钞法　　D. 手按式多指多张点钞法

2. 钞票一般以（　）张为一把。

A. 500　　B. 100　　C. 50　　D. 20

3. 钞票一般以（　）把为一捆。

A. 500　　B. 100　　C. 50　　D. 20

三、多项选择题

1. 点钞方法主要有（　）和（　）两种。

A. 手持式单指单张点钞法　　B. 机器点钞法

C. 手工点钞法　　D. 扇面点钞法

2. “五好钱捆”是指票币整点应当做到（　）。

A. 盖章清晰　B. 钞票墩齐　C. 票子点准　D. 捆紧票子　E. 坐姿端正

四、判断题

1. 在扎好的捆钱条上加盖经办人名章，主要目的是明确责任。（　）

2. 点钞技术的关键是一个“快”字，准不准倒无所谓。（　）

3. 钞票墩齐要求是四条边水平，不露出，卷角拉直、伸平。（　）

五、简单题

1. “五好钱捆”是什么标准，内容包括什么？

2. 清点钞票的基本工序和步骤有哪些？

3. 简述手按式单指单张点钞法的概念、特点及适用范围。

4. 简述手持式多指多张点钞法的概念、特点及适用范围。

5. 常用的压条指法有哪几种？

◇知识拓展◇

发明点钞机后，手工点钞是否还有存在的必要

到今天，点钞机已经成为所有银行网点必不可少的“神器”，不仅能为我们快速点钞计数，识别纸币的真伪，而且功能强大的各种混点模式、清点模式、冠字号记录、柜员号记录、ATM加钞联网等，让我们的柜面工作节省了大量的宝贵时间，大幅提高了工作效率。

既然点钞机如此强大，我们只要在日常中维护好点钞机，经常清理干净就行了，为什么还要学手工点钞呢？

主要原因如下：

（1）点钞是银行职员的一项基本职能，是银行职员必须掌握的技术之一。

（2）使用手工点钞最重要的原因在于点钞机其实不是百分之百可靠的，目前点钞机的原理大同小异，基本都根据钞票的防伪特征加装固定的传感器来辨别钞票的真伪，如红外线、紫外光、图像以及磁性传感器等，固定识别几个防伪特征点来判断钞票的真伪，但是随着犯罪分子伪造钞票技术的不断提高，有一部分假钞，主要是变造币（变造币是在真钞的基础上通过挖补、揭层等方式制成的），单纯依靠点钞机是无法百分之百检测出来的，漏检的现象在一定程度上是存在的，所以，必须依靠银行柜员的手工点钞来辅助识别。

（3）钞票的类别分为三类：第一类是从印钞厂直接到央行再投放出去的，叫作原封新券；第二类是流通了一段时间回到银行体系的，叫作回笼券；第三类是不符合流通标

准需要销毁的，叫作残损券。残损券的票面质量差，纸质绵软，起皱或者缺失，这些钞票机器无法清点，手工清点的作用就显现出来了。虽然这项工作很辛苦，但是正因为此，才能确保流通中人民币的票面品质。

任务三　机器点钞

机器点钞就是使用点钞机清点钞票。用机器代替手工点钞，能减少银行柜员或者企事业单位出纳人员的体力劳动，点钞的效率比较高，一般时速可达 5 万～7 万张，比手工点钞快一两倍。因此，每个出纳员应熟练掌握机器点钞的方法。

一、点钞机及组成

1. 硬币整点机

硬币整点机的特点是 50 枚为一卷，包封结实，币端两面包封纸，可以使币面漏出一部分，比较清楚地看出是什么类型的币卷。

2. 纸币点钞机

市面上比较常见的点钞机有卧式点钞机、立式点钞机、封闭式（真空）点钞机等。

卧式点钞机使用的时候，票面在输钞带上均匀摊开，便于查点票面是否一致。

立式点钞机可按要求数目清点，一次最多可数 200 张，并且可以挑拣残钞，发生卷叠重张券时，机器可以自动报警，红灯显示并停机。

封闭式（真空）点钞机点钞过程中杂声比较小，由于是封闭型，可以防止整点时灰尘飞散。

3. 点钞机的组成

点钞机是由三部分组成：①捻钞部分，由托钞板、捻钞轮组成，其功能是将一把钞票均匀地推上，送入机器。②计数部分，由光电管、灯泡、计数器和数码管组成，捻钞轮捻出的每张钞票，通过光电管和灯泡，利用光电原理计数，并通过计数器记忆，将光电信号转移到数码管上显示，数码管显示的数字，即为捻钞数。③传送、整钞部分，由传送带、整钞盒组成，传送带传送钞票，并拉开钞票之间的密度，便于检查票面，整钞盒是将通过拍打落下的钞票堆放整齐，以便扎纸条。

二、点钞前的准备

（1）将点钞机放好，一般放在点钞人员的正前方，离胸前约 30 厘米。

（2）接上电源，打开电源开关，使整机运转，检查捻钞轮、传送带、拍钞器是否运行正常，灯泡、数码管是否显示，观察荧光数码显示是否为“00”；如不是，可按“置 0”按钮，使其显示“00”。

（3）检查点钞机的运行状况，使用前进行调试，调试的时候要求做到不松、不紧、不吃、不塞，力求转速均匀，点钞准确，下钞流畅，落钞整齐。先调试托钞轮松紧螺母，一般以一元钞为准，调到不松、不紧、不夹、不阻塞为宜。调试方法：右手持一张一元券的一端，将另一端插入捻钞轮和托钞板之间，当一捻住钞票就马上抽出，以捻得动、抽得出为宜，但不能轻轻一抽即出，要略用力。调试好之后，进行捻钞试验：拿一把钞票，开动机器做试点，看机器的捻钞、计数运送、拍打整钞等各个功能是否正常。试机时，一般将一把钞票点到 1/3 时停机，看传送带上的钞票排列是否均匀整齐，如果出现不均匀或不整齐的现象，应调节螺母，直到调好为止。

(4) 摆放钞票及用具。机器调试结束后，将钞票整齐摆放在右侧，按大小票面顺序排列（或从小到大），切不可大小夹杂排列，以免频繁调节拍打器。然后将各种用具放在适当位置，扎钞条应横放在点钞机前方。

三、点钞机的操作要领

1. 持钞

右手大拇指在钞票下侧，食指在钞票中心，中指、无名指、小指在外面，捏住钞票。

2. 拆把

用右手食指将钞票中心向外推，大拇指与中指、无名指和小指同时将钞票横捏成半弧形，左手将纸条抽出，右手大拇指、食指夹住钞票的上侧边，松开中指、无名指、小指，这时钞票下侧弹回原处，呈斜坡形，放入托钞板，便于下钞流畅。

3. 点数

将折成坡形的钞票轻轻地放在托钞板上，不要用力，捻钞轮迅速将钞票捻下，随着捻钞的进度，托钞板上的钞票自然下滑，这时不要用手推，否则，用力过大会使钞票阻塞，捻不动。在下钞的同时，眼睛要注意观察传送带的左上角，看钞票是否夹有其他钞票、残损钞票、假钞等，用眼睛的余光观察数码管显示情况，在清点过程中要根据票面的大小，将整钞盒调整到适当位置，以便将钞票拍打整齐。

4. 计数

机器点钞计数是靠钞票经过光电管和灯泡之间时，通过光的遮蔽次数来反映的。当托钞板上和传送带上的钞票下张完毕后，要查看数码管的数字是否为“00”。如果为“00”，即为 100 张（有的是直接显示“100”）。如果是其他数字，应将数码管上的数字置于“00”再复点一次。例如，显示“97”，表明这次清点的数为 97 张，必须将原钞复点，并保留好原纸条，经过复点仍是此数，且无其他不正常因素，说明这把钞票只有“97”张，应连同原纸条放在一起，另做处理。

5. 扎把

当显示的数字为“00”时，即可扎把。扎把时，左手大拇指朝上，其他四个手指在下，手掌朝上把钞票从整钞盒里拿出（拿钞票时候注意不要漏拿），然后将钞票码齐，按缠绕式扎把或拧结式扎把。如果机器复点大量的钞票，为了提高效率，下钞和拿钞、扎钞条的动作要连贯。当右手把一把钞票放入托钞板上后，马上拿第二把，扎钞条折成坡形，做下钞的准备。当传送带上最后一张钞票落下后，左手迅速将钞票拿出，同时，右手将第二把钞票放入托钞板，然后拿扎钞条扎把，如此反复，连续点钞，可以缩短机器运行的时间，高度利用点钞机，提高点钞的效率。

6. 盖章

点完全部钞票，点钞人员要逐把盖好其个人人名章。盖章要做到先轻后重，整齐、清晰。

四、机器点钞防错方法

1. 接钞台留钞

接钞台取钞时，有时会漏拿一两张，造成上下把不符。防止方法：取尽接钞台的钞票，或采取不同的票面交叉进行清点。

2. 机器“吃钞”

有时由于钞票较旧，容易卷进输钞轴上或带进机器肚内；由于出钞歪斜等原因，引起输钞紊乱、挤扎或飞张，有可能被托钞板、捻钞轮带进机器肚内或随传送带流入整钞盒。防止方法：调整好面板和螺钉，使下钞流畅、整齐；输钞紊乱、挤扎时要再清点一遍；每次工作结束，要检查机器底部和前后输钞轴是否有钞票夹住。

3. 发生多计数

机器在清点角票、旧票时容易出现飞张多计数；钞票开档破裂，或一把钞票内残留纸条、杂物等。发生以上情况，除了电路出现毛病和钞票本身的原因，还有光导管、小电珠积尘，电源电压大幅度升降等原因。防止方法：常打扫光导管、小电珠灰尘，荧光管突然计数不准时要立即停机，检查机器的线路或测试电压等。

五、机器点钞口诀

紧张操作争分秒，左右连贯用技巧。
右手投下欲点币，左手拿出捻币钞。
两眼观察票面跑，余光扫过计数表。
顺序操作莫慌乱，环节动作要减少。
原钞纸条顺序换，快速扎把须做到。
维修保养经常搞，正常运转工效高。

六、使用点钞机器的注意事项

（1）无论是哪种机器，使用前首先要检查是否安装好安全地线，以保护机器的（集成）电路，防止操作人员触电。

（2）接上电源，打开机器开关，使机器运转，观察机器运转是否正常，荧光数码是否显示为“00”或“000”。

（3）试验捻钞力是否合适，视察一下钞票是否通畅整齐，计数是否准确。

◇知识拓展◇

点钞机的发展历史

点钞机是中国人发明的，是1958年以后全国银行职工参加点钞机研制人员共同发明的。

中国第一台点钞机是沈阳银行郭殿户研制的。在1958年7月召开的全国银行业第一次技术革新交流展览会上，郭殿户展示了一台纸币点钞机，体积和一台办公桌类似，结构和印刷机相似，设有气泵、吸嘴、计算轴、电机。1959年上半年，总行又召开全国银行技术革新、技术革命成果展，这次全国银行带去的展品很多，展出纸币点钞机有好几台，包括齐齐哈尔银行木制的点钞机。20世纪80年代到90年代中期，点钞机主要是小作坊式生产，主要分布在浙江温州、上海、沈阳等地。这个时期的点钞机的特点：机械功能大于电子功能，可以电子计数，具有紫光鉴伪功能。

20个世纪90年代中期到21世纪初，点钞机得到了大规模的生产，出现了一大批专门生产点钞机的大型企业，也出现了专门研究点钞机的机构和部门。在这个阶段的龙头企业开始注重钞票的鉴伪和清分，为ATM终端机器服务。这个时期的点钞机体型缩小，机器更加稳定，开始了有意的品牌销售。

如今我国的点钞机开始了数字、电子和机械相结合的时代，使点钞机技术更佳稳定和成熟。

现下市场上的点钞机主要利用荧光、红外、穿透、安全线、磁性等功能对人民币进行鉴伪、计数和清分，售后服务也逐步完善。

自从2003年起，点钞机的企业市场大致分为几类：①以银行市场为主的企业，有齐心中钞信达、银佳（融和）、5311、贝斯特、南京理工等企业。②以民用和银行市场为主的企业，有中山百佳、古鳌、康艺、经纬、凯勋、金利、瑞泽、瓯利等企业。③以民用市场为主的企业，有维融、金帆、倍量、然鹏及温州企业。④以国外市场为主的企业，有凯勋、中山百佳、亨力等及广东企业等。

2004—2007年期间，企业的技术研发主要在外观设计和使用功能上，对假币的鉴别没有很大的突破，停留在原有的荧光、红外、磁性、安全线等鉴别上。每家企业生产的点钞机的鉴别能力都是一样的，没有一家的技术特殊，只是在外观、稳定性、功能和耐用上有所区别。

由于市场竞争日趋激烈，一些点钞机企业采取以降低产品质量为代价的低价营销竞争手段，导致点钞机市场的无序恶性竞争局面愈演愈烈，低质低价点钞机充斥市场，严重影响了行业的正常经营秩序。与四大银行中标点钞机相比，这类低价点钞机的电子元件、各种传感器、大电机、变压器以及机械五金件等主要原材料的性能、质量和价格均存在相当大的差别，价格相差最大可达五倍。因此，这类点钞机在防伪效果、稳定性、温升、机器寿命等性能指标上大打折扣。

这几年来，点钞机在技术上还是运用前几年研发的技术，在鉴伪技术上没有太大的突破，加之低质低价点钞机对市场的冲击，大多数点钞机厂家不愿意加大投入开发新的技术和传感器，也造成这几年在变造币和带磁性假币的鉴伪技术上没有太大的突破。并不是说假币进步得快，而是点钞机在原地踏步。其实在变造币的研究上，只要做出不懈的努力，就一定可以在技术上有所突破。

2009年，中国启动了新的《人民币鉴别仪通用技术条件》标准的起草，对推动行业发展和技术革新起着非常重要的作用。新的标准规范了A、B、C类点钞机的级别。新标准在2010年9月26日发布，2011年5月1日强制实施。

在短期内，国内点钞机市场群雄争霸，真正有实力的厂家，通过自身的技术创新，研发出鉴伪能力更强、性能更稳定、寿命更长、款式更新、价格适宜的高端点钞机产品。同时，外币点钞机市场也是未来市场的一个发展方向。上述产品由于技术含量高，利润空间相对比较大，可以避免与低质低价点钞机形成正面撞击。

我国点钞机的市场格局分为银行市场、民用市场、出口市场，企业实力分为技术优势、品质优势、管理优势、品牌优势等。

任务四　真假人民币的鉴别

货币被称为一个国家的“名片”。它既是价值尺度、流通手段，又是反映民族文化和精神风貌的艺术品。它是一个国家综合实力的体现，是一国政治、经济、文化、艺术、科技等的综合反映。人民币是我国的法定货币，我国管理人民币的主管机关是中国人民银行，其负责人民币的设计、印制和发行。

人民币的单位为元，辅币单位为角、分。10 角为 1 元，10 分为 1 角。国家对人民币的设计、印刷、发行、流通实行严格的管理，以保证正常的货币流通秩序。随着社会经济的迅速发展以及人民生活水平的普遍提高，我国对人民币的需求也随之提高。自发行人民币以来，我国至今已发行五套人民币，2019 年版第五套人民币是中国人民银行的法定货币，包含 50 元、20 元、10 元、1 元纸币和 1 元、5 角、1 角硬币。2019 年 8 月 30 日起，2019 年版第五套人民币正式对外发行。形成纸币与金属币、普通纪念币与贵金属纪念币等多品种、多系列的货币体系。

一、反假币知识

1. 假币的概念

假币是指仿照真币的纸张、安全线、水印、图案等原样，利用各种技术手段非法制作的伪币。根据《中国人民银行假币收缴、鉴定管理办法》所称假币为伪造、变造的货币。

2. 假币的种类

假币包括伪造币、变造币、可疑币三种。

（1）伪造币。伪造币是指仿照真币的图案、形状、色彩等，通过机械印刷、拓印、实木刻板、刻印、照相、手工描绘等手段制作的假币。其中，电子扫描分色制版印刷的机制假币数量最多、危害性最大。从券别种类上看，伪造币既有主币，也有辅币；既有流通币，也有纪念币。

人民币仿制的手段不同会导致伪造币各有独自的特点，现按其不同的仿制手段分述如下。

1）手绘假钞。手绘假钞是依照真钞的样式临摹仿绘的假币。一般制造比较粗劣，是过去比较常见的一种假钞，现在很少存在。手绘假钞的主要特点是使用普通的胶版纸或纸张，采用的颜色为一般的绘画颜料，因此，手绘假钞看起来笔调粗细不匀，颜色和图纹与真币差异较大。这类假钞因其制作粗劣，较易识别，但老人、小孩等特殊群体比较容易被骗。

2）蜡印假钞。蜡印假钞是手工刻制蜡纸版油印的假钞。蜡印假钞制作方法一般是在蜡纸上按照真币的图样、形状等刻制图文蜡版，再用黑白油墨漏印在印钞纸上，然后在图文上涂上颜色，还有部分采用彩色油墨在蜡版上印刷。由于刻制蜡版时的手法轻重不一，结果导致蜡版漏墨多少不同，从而造成假钞的颜色深浅不一，非常不协调，漏墨比较多的地方还比较容易出现油浸现象。因蜡纸比较柔软，印制中容易使图纹变形。所以，蜡印假钞较易识别。

3）石印假钞。石印假钞是用石印机及石版印制的假钞。石印假钞的制作方法一般是在石板上用机器或者手工雕刻制成印版，其后在小型的工具上进行印制。石印假钞的质量虽然比上述两种的假钞逼真性要好一些，但其印制假钞的效果仍较粗劣。由于石版比较坚硬，容易导致油墨外溢或油浸现象，因印版表面不平整，印出的图纹虚虚实实、深浅不一，假钞的票面非常不协调。由于印版刻制存在误差，导致套色印刷也不可能非常准确，从而出现重叠、错位、露白等问题，因此，石印假钞相对来说比较容易识别。

4）手刻凸版假钞。手刻凸版假钞是用木质印刷版印制而成的假钞。手刻凸版假钞制作方法是使用木板作为基础材料，采取手工雕刻的方法制成凸版的印制模板，然后使用小型的器具，在此基础上印制的假钞。手刻凸版假钞的特点之一同样是制作工序简单，印钞质量比较粗劣。因为木板有着天然的木质纹路，纹路与非纹路之处吃墨深浅的程度不相同，从而印出钞票的图纹也因此有深有浅，钞票套色也不一致，存在错位、重叠等各种问题，因此手刻凸版假钞相对来说也较易识别。

5）拓印假钞。拓印假钞是用真币拓印成的假钞。拓印假钞的制作方法是在真币的基础上，采用某种化学药品，使真币票面上的图纹和油墨脱离一部分拓印到下面的纸张上而形成假钞。拓印的假钞又叫拓印币，其图案、花纹等和真币几乎没有差别，但由于拓印币只是得到真币上拓印下来的一部分油墨，因此拓印币的墨色比较浅，钞票票面上的形态显得比较清淡脆弱，给人以一种单薄的感觉。真币被拓印后也会受到一定损坏，拓印后的真币有的颜色变浅，有的图纹模糊不清，因此又叫作被拓印币。被拓印币虽是真币形态，但其背后必定有拓印的假币存在，因此更值得注意。

6）复印合成假钞。复印合成假钞的方法是采用黑白复印机作为主要设备制作而成的假钞。复印合成假钞的制作方法是首先将真的人民币放置在复印机上进行复印，复印出真币的黑白图案及花纹，然后用彩色套印的方法合成钞票样式的假钞。复印合成的假钞的印制效果比其他各种假钞要精细，但在人民币的各种防假措施面前，复印合成假钞似乎也无能为力，特别是在图案、油墨、纸张、样式等各方面难以以假乱真，通过一些方法即可予以鉴别。

7）机制假钞。所谓的机制假钞，就是采用特殊的机器设备来进行伪造的假钞。机制假钞的制作方法一般是采用机器或手工雕刻印钞版，也可使用电子扫描、照相分色制版，然后放在中小型印刷机上进行印制。机制假钞又分为机制凹印假钞和机制胶印假钞。机制假钞仿造的效果比较逼真，一次印制的数量非常多，比较容易进行扩散，因此，危害性很大。机制假钞采用特殊的机器设备和真币的个别印制技术相似，因此，比较容易以假乱真，但不可能采用制造人民币的全部防伪技术，总还是存在种种漏洞和伪造的痕迹，通过一定的方法仍能进行鉴别。如这种假币的“水印”基本上是印上去的，不用透光就可看见。其纸张在紫光灯下会发出荧光，其线条多为网点结构。而 1983 年在广东发现的从我国香港流入的胶版 10 元钞，1987 年 8 月在深圳发现的我国香港的 100 元钞，1991 年 3 月在北京地区发现的胶版 100 元假钞，由于质量较高，比较难识别，要识别就要掌握其特点。

8）彩色复印假钞。彩色复印假钞是使用彩色复印设备来进行伪造的假钞。彩色复印假钞的制作方法需要很高级的彩色复印设备，一般的伪造者是无法解决的。彩色复印在图纹、样式等方面可以做到逼真，但在凹印、油墨、纸张等方面与真币有明显的不同，通过一定的仪器或高倍显微镜就可以看出彩色复印假钞的破绽。

9）使用小型的印刷设备制造的假钞。照相假钞是采用真币照版制作而成的假钞。照相假钞的制作方法是把真钞拍摄、冲洗成照片，经过剪切制作而成的。这种假钞的纸张厚脆，易于折断，并且假钞表面有光泽，与真钞存在明显的差别，很容易被识别。

10）剪贴假钞。剪贴假钞是剪贴真人民币的图片制作而成的假钞。剪贴假钞的制作方法是将报纸、刊物或画册上印的人民币图片剪下来，使正面和背面粘合起来制作成完整的人民币假钞。剪贴假钞与真币的差异很大，报刊图片的纸薄而绵软，画册的图片的纸张通常较厚而脆硬，并且币面的颜色和大小都不一致，与真币存在明显的差别，很容易被识别。

（2）变造币。变造币是指在真币基础上或以真币为基础的材料，通过挖补、剪接、涂改、揭层等办法加工处理，使原币改变数量、形态，以此实现升值的假货币。其主要特征为票面不完整拼凑券，揭页券则无正面或背面，挖补券表示券别数字和文字被变造。

变造币由于其手法对真币的加工处理的方法存在差异，又可分为以下几种情形：

1）涂改币。涂改币是将真人民币的票面金额使用化学药剂来予以涂掉，然后再用油墨或一些颜料加以涂改，使其票面面额增大的假钞。这种变造币的涂改部分在颜色、花纹等方面和真币有明显的区别，很容易被识别。

2）剪贴币。剪贴币是将真币剪贴后进行拼凑完成局部缺位，由 8 张拼成 10 张，或 5 张拼成 6 张。也存在这种情况：将票面金额部分进行挖补，使其面额增加。这种变造币拼凑、挖补部分的图案、花纹、线条不能完全对接准确，有时对接的花纹、线条存在不一样的情况。因此，我们只要留心，就可以发现问题，比较容易识别。

3）揭页币。揭页币是将真币的纸层一层层揭开，一分为二，再用其他纸张粘贴于背后的单面假钞。揭页币假钞虽然图案、花纹等都和真币一样，但它另外一面是空白的，只能掺在众多的真币中，滥竽充数，蒙混过关。因此，在大批量清点钞票时应注意揭页币。

（3）可疑币。我们在鉴别人民币真假的工作中，经常遇到大量被怀疑为假币的票样。实际上这种票样是真币，只是由于表面图案的损伤或变形受到人们的怀疑，因此我们称它为可疑币。这种票样分为两种类型：一种是由于印刷质量不佳，流入市场后，人们在接触这类钞票时，感觉到与真币很相似，但在某些部位又与真币有所区别，一时分辨不清真假。另一种是钞票在流通过程中，遇到损坏票面图景和颜色的各种物理的、化学的物质，造成严重变形，尺寸比原来缩小，使人们一时难以区分。

二、第五套人民币

为适应经济发展，中国人民银行陆续发行第五套人民币，包括了 1999 年版、2005 年版、2015 年版、2019 年版，目前市面上流通的主要是 2005 年版和 2019 年版。在此，我们主要介绍第五套人民币的鉴别特征和手法。

2019 年 4 月 29 日，央行发布公告称，中国人民银行定于 2019 年 8 月 30 日起发行

2019年版第五套人民币50元、20元、10元、1元纸币和1元、5角、1角硬币。发行后，与同面额流通人民币等值流通。在保持现行第五套人民币主图案等相关要素不变的前提下，对票（币）面效果、防伪特征及其布局等进行了调整，采用先进的防伪技术，提高防伪能力和印制质量，使公众和自助设备易于识别。

1. 纸币方面

2019年版第五套人民币50元、20元、10元、1元纸币与2015年版第五套人民币100元纸币的防伪技术及其布局形成系列化。在第五套人民币纸币（2005年版50元、20元、10元纸币，1999年版1元纸币）防伪技术基础上，50元、20元、10元纸币增加光彩光变面额数字、光变镂空开窗安全线、磁性全埋安全线、竖号码等防伪特征，取消全息磁性开窗安全线和凹印手感线，50元纸币取消光变油墨面额数字，1元纸币增加磁性全埋安全线和白水印。总体看，应用的防伪技术更加先进，布局更加合理，整体防伪能力较现行纸币有明显提升。

（1）光彩光变面额数字。

光彩光变技术是国际印钞领域公认的先进防伪技术，易于公众识别。2019年版第五套人民币50元、20元、10元纸币票面中部印有光彩光变面额数字，改变钞票观察角度，面额数字颜色出现变化，并可见一条亮光带上下滚动。

（2）光变镂空开窗安全线。

光变镂空开窗安全线具有颜色变化和镂空文字特征，易于公众识别，是一项常用的公众防伪特征。2019年版50元纸币采用动感光变镂空开窗安全线，改变钞票观察角度，安全线颜色在红色和绿色之间变化，亮光带上下滚动；透光观察可见“¥50”。2019年版20元、10元纸币采用光变镂空开窗安全线，与2015年版100元纸币类似，改变钞票观察角度，安全线颜色在红色和绿色之间变化；透光观察，20元纸币可见“¥20”，10元纸币可见“¥10”。

（3）其他措施。

2019年版第五套人民币纸币还采取了其他多种措施提升防伪技术和印制质量。例如，水印清晰度和层次效果明显提升；钞票纸强度显著提高，流通寿命更长；纸币两面采用抗脏污保护涂层，整洁度明显改善；延续2015年版第五套人民币100元纸币冠字号码字形设计，有利于现金机具识别。

2. 硬币方面

2019年版第五套人民币1元硬币保持1999年版第五套人民币1元硬币外缘滚字不变，增加隐形图文特征，防伪性能明显提升，公众更易于识别真伪。

（1）隐形图文。

隐形图文雕刻技术是国际造币领域公认的先进公众防伪技术，公众容易识别。在2019年版第五套人民币1元硬币正面面额数字轮廓内有一组隐形图文“¥”和“1”。转动硬币，从特定角度可以观察到“¥”，从另一角度可以观察到“1”。

（2）其他措施。

2019年版第五套人民币硬币还采取了其他措施提升印制质量。例如，5角硬币材质由钢芯镀铜合金改为钢芯镀镍，抗变色性能明显提升，正背面内周缘由圆形调整为多边形，方便特殊群体（弱视）识别。下面是第五套人民币的样票：

1）50 元样票（图 3-10）

正面中部面额数字调整为光彩光变面额数字“50”；调整装饰团花的样式；左侧增加装饰纹样，调整横号码、胶印对印图案的样式，取消左下角光变油墨面额数字；右侧增加动感光变镂空开窗安全线和竖号码，调整毛泽东头像、右上角面额数字的样式，取消凹印手感线。

背面调整主景、面额数字、胶印对印图案的样式，取消全息磁性开窗安全线和右下角局部图案，年号改为“2019 年”。

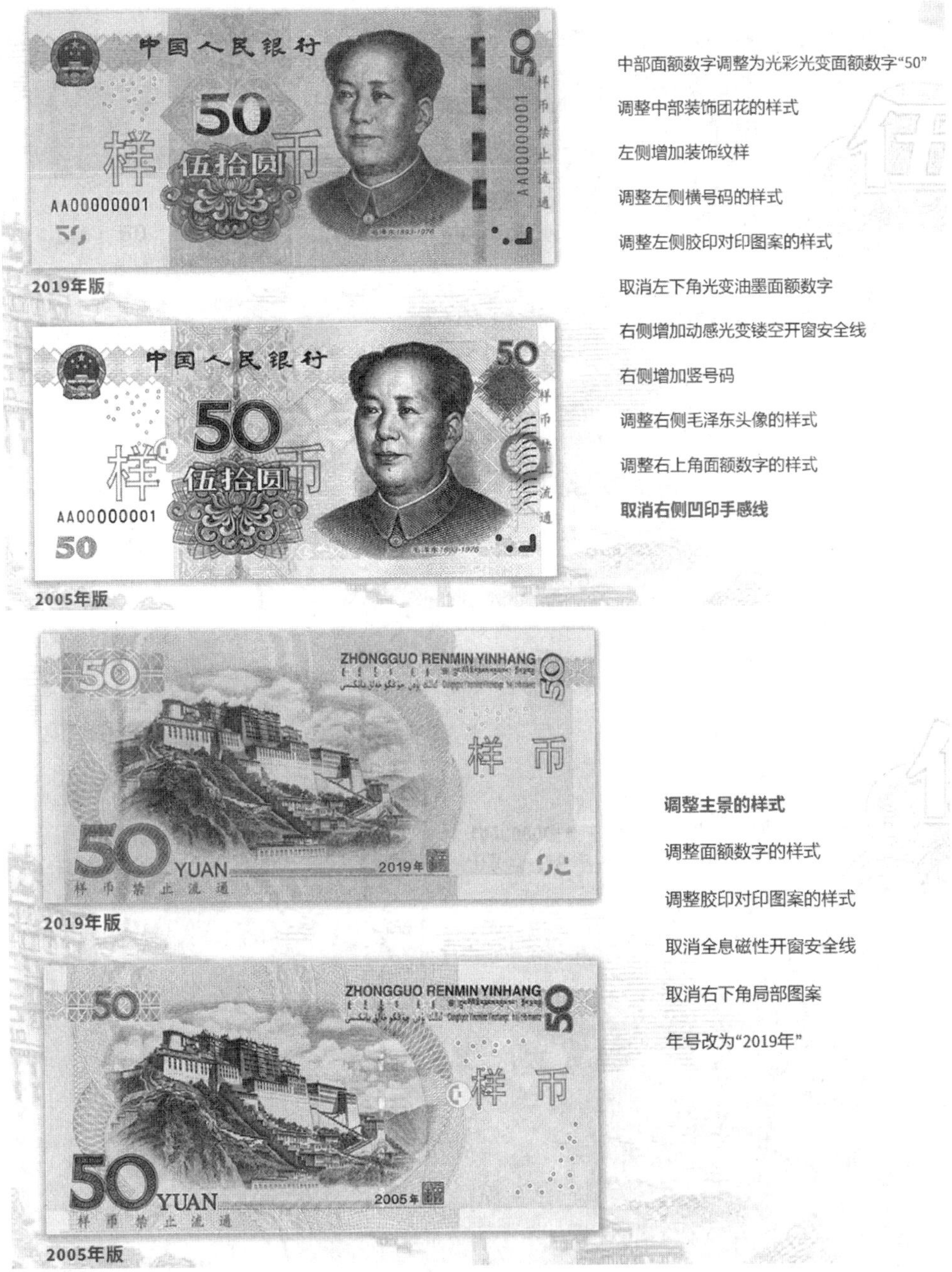

图 3-10　50 元样票

2）20 元样票（图 3-11）

正面中部面额数字调整为光彩光变面额数字“20”；调整装饰团花的样式，取消全息磁性开窗安全线；左侧增加装饰纹样，调整横号码、胶印对印图案的样式；右侧增加光变镂空开窗安全线和竖号码，调整毛泽东头像、右上角面额数字的样式，取消凹印手感线。

背面调整主景、面额数字、胶印对印图案的样式，取消右下角局部图案，年号改为“2019 年”。

图 3-11　20 元样票

3）10 元样票（图 3-12）

正面中部面额数字调整为光彩光变面额数字“10”；调整装饰团花的样式，取消全息磁性开窗安全线；左侧增加装饰纹样，调整横号码、胶印对印图案的样式；右侧增加光变镂空开窗安全线和竖号码，调整毛泽东头像、右上角面额数字的样式，取消凹印手感线。

背面调整主景、面额数字、胶印对印图案的样式，取消右下角局部图案，年号改为“2019 年”。

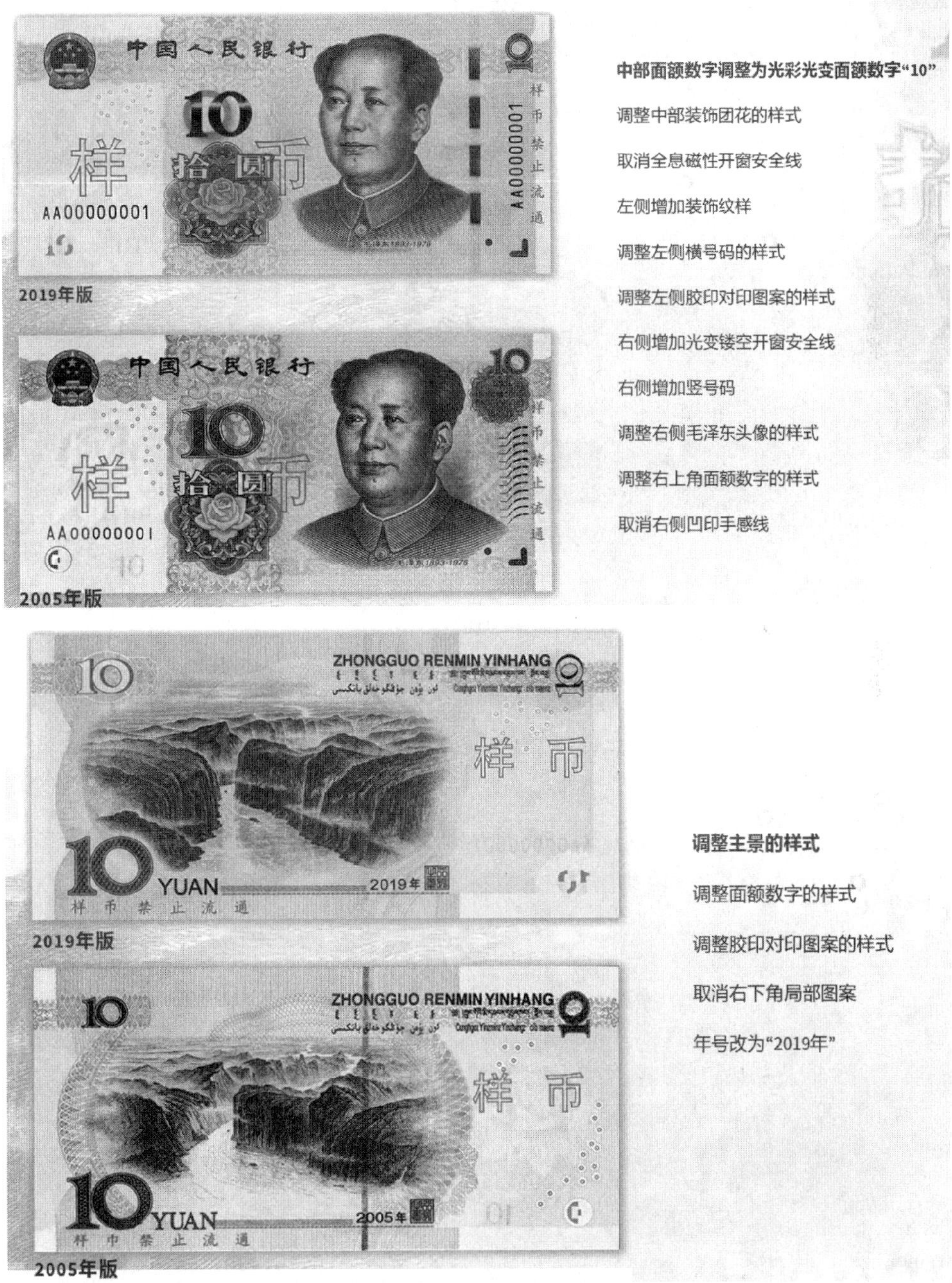

图 3-12　10 元样票

4）1 元样票（图 3-13）

正面中部调整面额数字、装饰团花的样式；左侧增加装饰纹样、面额数字白水印，调整横号码的样式，取消左下角装饰纹样；右侧调整毛泽东头像的样式，取消凹印手感线。

背面调整主景、面额数字的样式，取消右下角局部图案，年号改为“2019 年”。

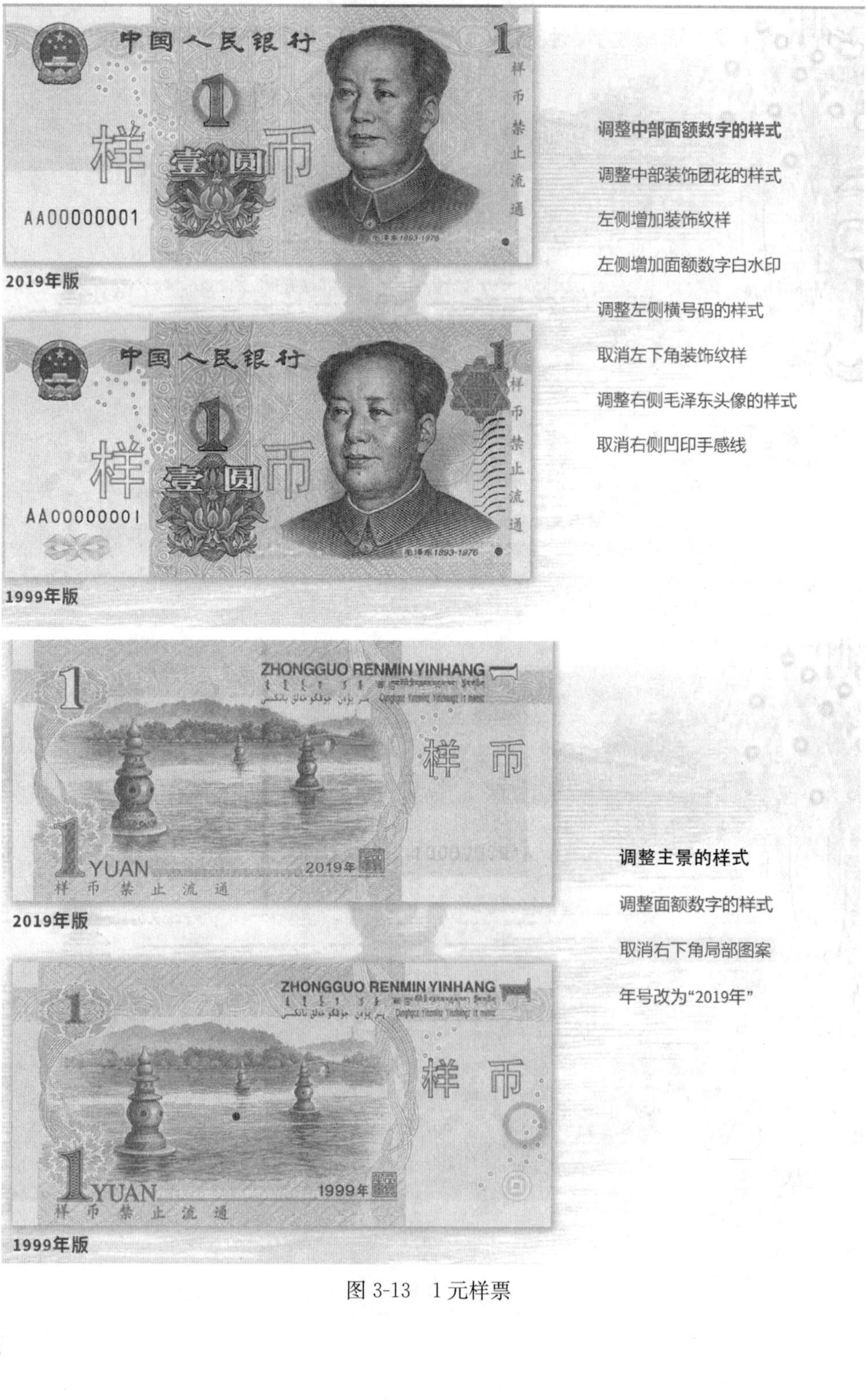

图 3-13　1 元样票

5）1 元硬币（图 3-14）

与 1999 年版第五套人民币 1 元、5 角硬币和 2005 年版第五套人民币 1 角硬币相比，2019 年版第五套人民币 1 元、5 角、1 角硬币调整了正面面额数字的造型，背面花卉图案适当收缩。

图 3-14　1 元硬币

6）5 角硬币（图 3-15）

图 3-15　5 角硬币

三、人民币识别方法

1. “五看”新版纸币辨真伪

一看光彩光变面额数字。2015 年版的百元纸币曾增加这种技术，即正面票面中部增加光彩光变数字“100”，较旧版多了金色，被称为“土豪金版”百元钞票。本次在现行第五套人民币纸币防伪技术的基础上，新版 50 元、20 元、10 元纸币也增加了光彩光变技术，改变钞票观察角度，面额数字颜色出现变化，并可见一条亮光带上下滚动。光彩光变技术是国际印钞领域公认的先进防伪技术，易于公众识别。

二看光变镂空开窗安全线，这也是 2015 年版百元钞票用过的防伪特征。2019 年版 50 元纸币采用动感光变镂空开窗安全线，改变钞票观察角度，安全线颜色在红色和绿色之间变化，亮光带上下滚动；透光观察可见“50”。2019 年版 20 元、10 元纸币采用光变镂空开窗安全线，与 2015 年版 100 元纸币类似，改变钞票观察角度，安全线颜色在红色和绿色之间变化；透光观察，20 元纸币可见“20”，10 元纸币可见“10”。

三看水印。2019 年版 50 元、20 元、10 元纸币明显提升了水印清晰度和层次效果。人像水印位于票面正面左侧的空白处，透光观察可见毛泽东头像。人像水印清晰度明显提升，层次更加丰富。白水印位于票面正面横号码下方，透光观察可见水印面额数字。

新版 1 元纸币也增加了白水印。

四看胶印对印图案。票面正面左下角和背面右下角均有面额数字的局部图案。透光观察，正背面图案组成一个完整的面额数字。

五看横竖双号码。2019 年版第五套人民币调整了左侧横号码式样，增添了竖号码，可以有效防范变造纸币。左侧横号码的冠字和前两位数字为暗红色，后六位数字为黑色。右侧竖号码冠字和数字均为蓝色。此次新版人民币的防伪技术也做了一些减法，如 50 元、20 元、10 元纸币取消全息磁性开窗安全线和凹印手感线，50 元纸币取消光变油墨面额数字。

2. 日常处理假币的方法

（1）发现假币后的处理方法。

1）误收假币后，不要继续使用，应上缴公安机关或者当地银行。

2）看到有人大量持有假币，进行使用诈骗时，应向公安机关报案。

3）发现有人制造、买卖假币，应及时掌握证据，向公安机关报告。

（2）假币收缴程序。

1）由该金融机构两名以上业务人员当面予以收缴；

2）对假人民币纸币应当面加盖“假币”字样的戳；

3）对假外币纸币及各种假硬币，应当面以统一格式的专用袋加封，封口处加盖“假币”字样戳记，并在专用袋上标明币种、券别、面额、张（枚）数、冠字号码、收缴人、复核人名章等细项；

4）收缴假币的金融机构（简称“收缴单位”）向假币持有人出具中国人民银行统一印制的《假币收缴凭证》；

5）告知假币持有人如对被收缴的货币真伪有异议，可向中国人民银行当地分支机构或中国人民银行授权的当地鉴定机构申请鉴定；

6）收缴的假币，不得再交予持有人；

7）收缴人员必须具有鉴定技能并获得上岗资格。

（3）处罚。对金融机构有下列行为之一，但尚未构成犯罪的，由中国人民银行给予警告、罚款，同时，责成金融机构对管理人员和其他直接责任人给予相应纪律处分：

1）发现假币而不收缴的；

2）未按照规定程序收缴的；

3）应向人民银行和公安机关报告而不报告的；

4）截留或私自处理收缴的假币或使已收缴的假币重新流入市场的。

（4）残缺人民币兑换标准。

1）全额兑换标准。票面污损、熏焦、水湿、油浸、变色、能辨真假，但票面残缺不超过五分之一，其余部分的图案、文字能照原样连接者。

2）半额兑换标准。票面残缺五分之一至二分之一，其余部分的图案文字能照原样连接者，应当向中国人民银行照原面额半数兑换，但不得流通。

3）不予兑换标准。票面残缺二分之一以上的；票面污损、熏焦、水湿、油浸、变色、不能辨别真伪的；故意挖补、涂改、剪贴、拼凑、揭去一面的。不予兑换的残缺人民币由中国人民银行打洞作废，不得流通使用。

四、现代支付手段

20世纪90年代初，随着改革开放的步伐逐渐迈大，社会经济得到了快速发展，粮票、布票的物资交换方式渐渐消失，取而代之的是现金支付，成为了当时人们的主要支付方式，钱包鼓鼓在当时成为富裕的象征。

1996年，网上银行。中国银行率先建立网上一行服务，然而却一直不为人们接受，第一笔网上银行业务是1998年3月6日。

当互联网进入我们的生活之后，电子商务逐渐代替了上街购物，现实当中的交易发展到网上交易，传统的银行支付变成在线支付，美其名曰电子银行。网购成为了消费者的主流购物渠道，电子银行变成了新支付方式。吃穿住行等所有关于人们日常行为习惯的东西都可以网购同时可以在线支付。

2000年，银行卡。截止到1994年初，全国发卡量达到400万、交易额达到2000亿元。同时各商业银行电子化建设起步，投资建设了大量的计算机业务处理系统，后来发展到刷银行卡，这时的钱包也终于可以瘦瘦身了，从此人们出行不用再携带大量现金，用一张小小的银行卡便能随时随地刷卡消费。

2010年，移动支付，支付宝登上历史舞台，2004年，支付宝脱离淘宝，正式成为第三方移动支付平台，从此渐渐成为主流。2010年手机支付产业联盟产生，2013年，微信支付出现，2014年，苹果支付也加入到移动支付大军中来。

2011年，聚合二维码。2016年8月3日，支付清算协会向支付机构下发《条码支付业务规范》(征求意见稿)，意见稿中明确指出支付机构开展条码业务需要遵循的安全标准。这是央行在叫停二维码支付以后首次官方承认二维码支付地位。

进入21世纪，智能手机和互联网飞速发展，也让支付方式迈进了移动支付时代。如今，大型商超、街边小店乃至水果摊，移动支付已成为市民消费的新习惯。不带现金不带卡，揣个手机就能住宿、购物、出行，“无现金时代”离我们越来越近。

2019年，靠脸吃饭。“刷脸”支付系统是一款基于脸部识别系统的支付平台，它于2013年7月由芬兰创业公司Uniqul全球首次推出。该系统不需要钱包、信用卡或手机，支付时只需要面对POS机屏幕上的摄像头，系统会自动将消费者面部信息与个人账户相关联，整个交易过程十分便捷。

在我们国家一些一线城市，开始推出生物识别和信息系统可以用在地铁检票中，可能也就是意味着，不再需要地铁卡、公交卡、信通卡、手机等工具，只需要刷脸便可通过，不到一秒的面部识别时间，门就会自动打开。当然肯定也有人质疑刷脸支付的准确度和快捷度，不过随着科技的进步，会进一步解决和完善这个问题。从粮票、布票、纸币、硬币、银行卡到第三方支付再到移动支付+刷脸支付，人们的支付出行方式变得越来越轻，越来越快，越来越方便，支付方式的发展历程是中国改革开放的缩影和成功实践。

◇知识拓展◇

人民币的发行史

中华人民共和国的法定货币是人民币，中国人民银行是国家管理人民币的主管机关，负责人民币的设计、印制和发行。

人民币的单位为元，人民币的辅币单位为角、分。1元等于10角，1角等于10分。除1分、2分、5分三种硬币外，第一套、第二套和第三套人民币已经退出流通，第四套人民币于2018年5月1日起停止流通（1角、5角纸币和5角、1元硬币除外）。目前流通的人民币，主要是1999年发行的第五套人民币。

一、第一套人民币

第一套人民币于1948年12月1日开始发行，共12种面额62种版别，其中：1元纸币2种、5元纸币4种、10元纸币4种、20元纸币7种、50元纸币7种、100元纸币10种、200元纸币5种、500元纸币6种、1000元纸币6种、5000元纸币5种、10000纸币4种、50000元纸币2种（1949年发行的正面万寿山图景100元券和正面列车图景50元券各有两种版别）。

1948年，随着人民解放战争的胜利进行，分散的各解放区迅速连成一片。为适应形势的发展，急需一种统一的货币替代原来种类庞杂、折算不便的各解放区货币。为此，1948年12月1日，在河北省石家庄市成立中国人民银行，同日开始发行统一的人民币。当时任华北人民政府主席的董必武同志为该套人民币题写了中国人民银行行名。

二、第二套人民币

第二套人民币是在第一套人民币的基础上于1955年3月1日开始发行的。当时已消除战争给国民经济带来的影响，工农业生产迅速恢复和发展，商品经济日益活跃，市场物价稳定。国家财政在收支平衡的基础上，连续几年收大于支，国家商品库存、黄金储备也连年增加，货币制度相应巩固和健全，一个独立、统一的货币制度已建立起来。但是，由于解放前连续多年的通货膨胀遗留的影响没有完全消除。第一套人民币的面额较大（最大为50000元），而且单位价值较低，在流通中计算时，以万元为单位，不利于商品流通和经济发展，给人民生活带来极大不便。另外，由于受当时物质条件和技术条件的限制，第一套人民币的纸张质量较差，券别种类繁多（62种），文字说明单一，票面破损较严重。

为了改变第一套人民币面额过大等不足，提高印制质量，进一步健全我国货币制度，1955年2月21日国务院发布命令，决定由中国人民银行于1955年3月1日起发行第二套人民币，收回第一套人民币。第二套人民币和第一套人民币折合比率为第二套人民币1元等于第一套人民币1万元。

1955年3月1日公布发行的第二套人民币共10种，即1分、2分、3分、1角、2角、5角、1元、2元、3元和5元，1957年12月1日又发行10元1种。

三、第三套人民币

第三套人民币是1962年开始发行的。当时，我国经过了连续1年的经济困难时期，在党中央以“调整、巩固、充实、提高”八字方针指引下，克服重重困难，大力发展生产，使国民经济开始恢复和发展。国家财政金融状况逐渐好转。为了促进工农业生产发展和商品流通，方便群众使用，经国务院批准，中国人民银行于1962年4月15日开始发行第三套人民币。第三套人民币和第二套人民币比价为1∶1，即第三套人民币和第二套人民币票面额等值，并在市场上混合流通。

第三套人民币在第二套人民币的基础上对版别进行了全面调整、更换，取消了第二套人民币中的3元纸币，增加了1角、2角、5角和1元四种金属币。

第三套人民币自1962年4月15日开始发行，到2000年7月1日停止流通，历时39年。这套人民币从1958年开始统一设计，票面设计图案比较集中地反映了当时我国国民经济以农业为基础、以工业为主导、农轻重并举的方针。在印制工艺上，第三套人民币继承和发扬了第二套人民币的技术传统、风格。在制版过程中，精雕细刻，机器和传统的手工相结合，使图案、花纹线条精细；油墨配色合理，色彩新颖、明快；票面纸幅较小，图案美观大方。

四、第四套人民币

第四套人民币是在经济发展、商品零售额增加、货币需要量增加的情况下发行的。随着党的十一届三中全会改革、开放政策的实施，我国国民经济迅速发展，城乡商品经济日益活跃，社会商品零售额大幅度增长。这样，不仅要求货币发行在总量上与经济相适应，而且在券别结构上也要与经济相适应。为了适应经济发展的需要，进一步健全我国的货币制度，方便流通使用和交易核算，1987年4月25日，国务院颁布了发行第四套人民币的命令，责成中国人民银行自1987年4月27日起，陆续发行第四套人民币。第四套人民币主币有1元、2元、5元、10元、50元和100元6种，辅有1角、2角和5角3种，主辅币共9种。

第四套人民币在设计思想、风格和印制工艺上都有一定的创新和突破。这套人民币体现了一个共同的主题思想，就是在中国共产党领导下，全国各族人民意气风发，团结一致，建设有中国特色的社会主义。为了强化这一主题，100元纸币采用了我党老一辈革命家毛泽东、周恩来、刘少奇和朱德的侧面浮雕像；50元纸币采用了工人、农民和知识分子头像；其他纸币分别采用了我国14个民族人物头像。票面人像清晰、栩栩如生。在设计风格上，这套人民币保持和发扬了我国民族艺术传统的特点，主币背面图景取材于我国名胜古迹、名山大川，背面纹饰全部采用富有我国民族特点的图案，如凤凰牡丹、仙鹤松树、绶带鸟翠竹、燕子桃花等。这些图案、纹饰与主景融为一体，表现出鲜明的民族风格。在印制工艺上，主景全部采用了大幅人物头像水印，雕刻工艺复杂；钞票纸分别采用了满版水印和固定人像水印，它不仅表现出线条图案，而且表现出明暗层次，工艺技术很高，进一步提高了我国印钞工艺技术水平和钞票防伪能力。

五、第五套人民币

改革开放以来，随着社会主义市场经济持续、健康、快速发展，社会对现金的需求量也日益增大。1998年，全国货币净投放1026亿元，市场货币流通量11,204亿元，分别是1978年的60倍和52倍。经济发展的客观形势对人民币的数量与质量、总量与结构都提出了新要求。第四套人民币的设计、印制开始于改革开放之初，由于当时的条件，本身存在一些不足之处，如防伪措施简单，不利于人民币反假；缺少机读性能，不利于钞票自动化处理等。凡此种种，都要求我们适时发行新版人民币。

第五套人民币继承了我国印制技术的传统经验，借鉴了国外钞票设计的先进技术，在原材料、工艺方面做了改进，提高了纸张的综合质量和防伪性。固定水印立体感强、形象逼真。磁性微文字安全线、彩色纤维、无色荧光纤维等在纸张中有机运用，并且采用了计算机辅助设计、手工雕刻、电子雕刻和晒版腐蚀相结合的综合制版技术，特别是在二线和三线防伪方面采用了国际通用的防伪措施，为专业人员和研究人员鉴别真伪提供了条件。与第四套人民币相比，第五套人民币的防伪技能由十几种增加到二十多种，主景人像、水印、面额数字均较以前放大，便于群众识别。第五套人民币应用了先进的科学技术，在防伪性能和适应货币处理现代化方面有了较大提高。

◇项目综合实训◇

1. 单指单张点钞、多指多张点钞的运用，要求5分钟内完成点钞、计数、扎钞、盖章操作。

2. 真假币的鉴别。

附录一　珠算技能

一、算盘的种类与结构

1. 珠算的概念

珠算是以算盘为计算工具，以数学规律为基础，用手指拨动算珠进行数值计算的方法。为使世界各国清晰、准确地理解珠算，2013 年 12 月 4 日，联合国教科文组织颁发的证书中将“中国珠算”定义为“运用算盘进行数学计算的知识与实践”。

珠算既是一门应用技术，也是一门新兴的教育启智科学。随着对珠算的计算、教育、启智等多种功能的开发与利用，已经形成了一套完整的珠算教育教学理论体系和独特的计算体系。

现代珠算的特点主要有：

（1）优化了算盘结构，上一下四珠菱形算盘的使用逐渐普遍，并趋向中、小型化。

（2）改进了珠算方法。

1）珠算加减法运用凑数和补数的组合与分解法；

2）乘法采用空盘乘法，除法多用商除法。

（3）拓展了珠算功能。

1）开发珠算的教育功能和启智功能，推广珠心算（原称脑珠算）教育实验教学，实现珠算与心算（脑算）的结合，形成易学高效的珠算式心算能力；

2）将珠算与计算机有机结合，实现珠算方法的程序化和模型化。

2. 算盘的种类

（1）按适用范围分为教具算盘［附图 1（a)］、普通算盘［附图 1（b)］和工艺算盘［附图 1（c)］；

（2）按珠形分为圆珠算盘［附图 1（d)］和菱珠算盘［附图 1（b)］；

（3）按算珠分布分为上二下五珠算盘［附图 1（d)］和上一下四珠算盘［附图 1（b)］；

（4）按材质分为木质算盘、金属算盘、塑料算盘和其他材质算盘。

3. 算盘的结构

算盘是长方形的，主要由框（边）、梁、档、珠四部分组成。改进后的算盘又增加了记位点、清盘器和垫脚等装置，如附图 2 所示。

（1）“框”：是指固定算盘的四个边框，亦称为“边”，有上、下、左、右框之分。

（2）“梁”：是指连接算盘左右框之间的横杆，又称“横梁”“中梁”。梁把算珠分为上珠和下珠。

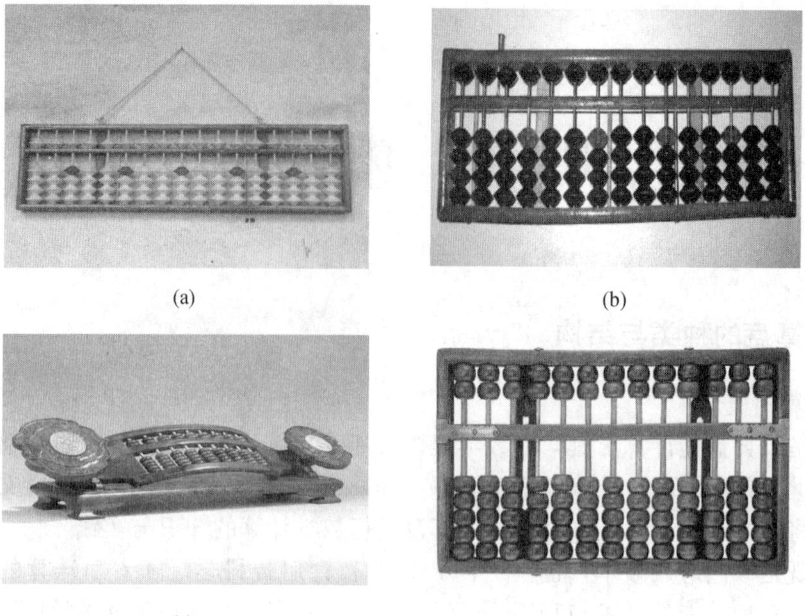

(a)　(b)　(c)　(d)

附图 1　算盘的种类

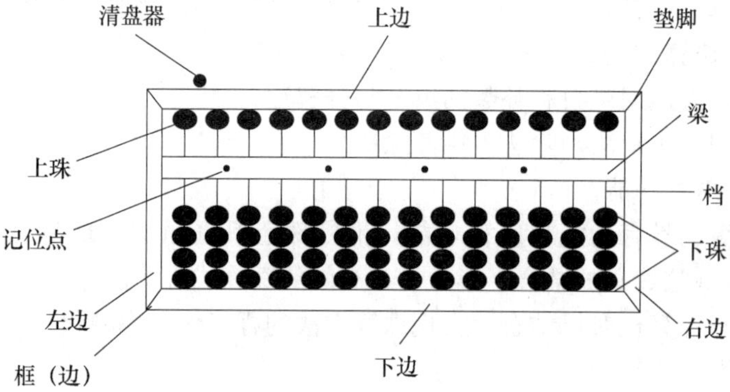

附图 2　算盘结构

(3)“档”：是指通过梁并贯穿算珠的一根根小圆杆，使算珠只能上下移动。算盘中并列着多少根杆就称为多少档，每一档代表一个数位。左一档比本位大十倍。右一档（位）是本位的十分之一。

(4)“珠”：即算珠或算盘子，是指穿在算盘档上用以计数的珠子。梁上的算珠称为“上珠”，一颗上珠表示“5”；梁下的算珠称为“下珠”，一颗下珠表示“1”。靠近算盘底边的一颗下珠，叫作底珠；靠近算盘上边的一颗上珠，叫作顶珠。

(5)“记位点”：是指在梁上的标记点，也称“分节点”“定位点”，用来定位和分节。一般采用三位分节制（一节前千位，二节前百万，三节前十亿，四节前万亿）。

(6)“清盘器”：是指安装在算盘上框左边用以控制横梁上算珠离梁的装置。

(7)“垫脚”：是指安装在算盘左右两边的底面使算盘底与桌面稳定的装置。

二、算盘的计数

1. 算珠及数位的确认

（1）算珠是一种算具，指算盘的基本元件。由于空间位置不同而可以有不同赋值的珠子。运用小石子计算是远古的计算方式之一。西周陶凡是迄今发现的最早的专用算珠。古籍中常常提到的算珠，就是算盘档上的珠子，拨动珠子以计数。

珠算中用算珠来表示 1、2、3、4、5、6、7、8、9、0 这十个基数的符号，也叫珠码。算盘中以珠表示数，上球一颗拨下表示“5”，下珠一颗拨上表示“1”。

（2）数位的确认。高位在算盘的左边，低位在算盘的右边，选定个位档，向左分别依次显示为十、百、千、万……向右分别显示为十分位、百分位、千分位……

2. 记数

算盘用算珠表示数字，以档位表示数位。在多位数的记数中，为了便于一眼认出数值的大小，可把整数部分的数码三位分作一节，如 7584960 用三位分节法将其整数部分写成 7,584,960。同样，在算盘的梁上每隔三档都标有记位点，既可当小数，又可作分节号。这样在加减多位数时，只要认清首位是第几位，就立刻可以在算盘相应的档上开始拨珠。如将 123,456,789 记数于盘上，如附图 3 所示。

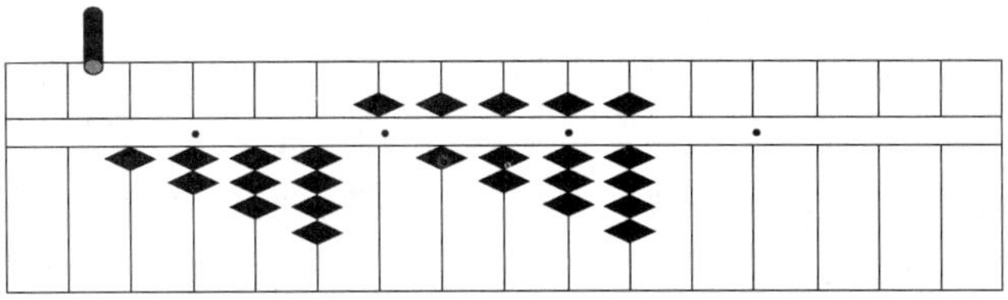

附图 3　123,456,789 表示方法

3. 看数

珠算运算时，首先遇到的是看数。将数码置数在空盘上，或将算盘上的运算结果——盘示数记录下来，都需要看数。看数快与准直接影响到后面计算的速度和准确率。看数一般从位数较少的开始，循序渐进。看数的同时，右手立即拨珠，快要拨完一节，随即看下节数，要上下环节连接起来，做到边看边打，否则中间就会出现拨珠停顿现象，从而影响计算速度。数的位数与盘面上的计位点应对照起来，位数才能准确无误。熟练以后要做到眼睛能兼顾到计算资料和算盘，使计算动作环环相扣。

如已具有一定的计算水平，可以根据自身情况在简单看数的基础上练习并行看数，做到眼到数出，随即拨入算盘中。看数是珠算计算最关键的第一步，只有看数水平提高了，才能提高计算水平。

看数时有以下几个技巧：

（1）分节看数。要练习一眼能看多位数字。开始时，对于多位数一般要分节看，以分节号和小数点为标志，将多位数分成若干节，边看数边找珠以使眼、脑、手密切配合，快速而准确地完成运算过程。

（2）移盘看数。将计算表放在算盘的底下，右手拨珠，左手推（拉）算盘，要边看边打，边打边推（拉），始终使算题与算盘保持最近距离。为方便看数，算盘可以上下、左右移动，故称“移盘看数法”。它的优点是使算题与算盘距离最近，视线集中，头部稳定，从而加快了看数、拨珠的速度，提高了准确性。

（3）盯盘写数。眼看盘面算珠，从左到右，按照算盘上的记位点分节，边看边写。在写数的同时，就加入分节号、小数点，并一次写完。切不可写完数字后再点分节号和小数点，以免出错，这样做的效率也比较低。

（4）看算不出声。看数与按珠要防止口中读出声音，应该练成“看数反应快、记数牢而准”的基本功。

看数时应注意以下三个方面的问题：

（1）计算资料离算盘的距离尽量缩短。

（2）看数时切忌念出声音。

（3）看数时头不要上下或左右摆动。

4. 写数

计算完毕，将算盘上的数字记录下来，这是珠算运算的最后一个环节。一道题的正确与否，除了取决于运算拨珠是否正确外，还与抄写数字有较大关系。

写数要求：

（1）数字抄写要做到快捷。在运算完一道题的同时，应迅速记录答案。

（2）数字抄写要做到准确、清晰、整齐。

在运算过程中，要养成笔不离手的习惯。写数时，应在准的基础上求快。要养成盯盘写数的好习惯，这就要练习眼睛捕捉盘上数字的能力。当一道题计算完毕时，左手应握住清盘器，眼睛盯盘，在确定写数位置后，一笔数就能从高位到低位很快写完。写数时从高位到低位连同小数要一次书写完毕。只有做到盯盘写数，并认真练习，才能达到书写数字的准与快。

三、算盘的操作要领

1. 坐姿

算盘不用时应放在离桌前沿约一掌的距离处，使用时双手握住算盘两端（附图 4），轻轻拿至离桌后沿约一掌距离处（10～15 厘米处），身体面桌而坐，且坐端正，腰要直，两脚放平，稍分开与肩宽，头稍低微前倾，胸离桌一拳，手放平。

打算盘的正确姿势

附图 4　双手握住算盘两端

2. 拨珠动作

拨珠时双臂悬空，手指与盘面的距离以 1 厘米左右为宜，过低则容易带珠，过高必将手指上下跳动，影响计算速度和准确率。手指与盘面的角度以 60°～70°为宜，拨珠必须靠手指的关节运动，用手指的指尖触动算珠边刃，拨珠用力要适当，轻巧灵活，避免算珠反弹或落子。要求做到轻（用力适中，点到为止）、准（拨珠正确）、清（不拨漂珠，不带珠）、快（速度迅捷），在整个运算过程中，手指要沿着梁做直线运动，要做到这一点必须充分发挥手指的灵活性，使大量的拨珠任务都依靠手指的运动来完成，而不是靠手掌的运动来完成。

3. 握笔

珠算运算需要用手拨珠，又要用手持笔书写计算结果，所以要求握笔运算。正确的握笔姿势有利于提高计算速度。常用的握笔法有三种（附图 5）：

（1）食指、中指握笔法：这种握笔法，笔杆以拇指、食指为依托，笔尖从食指、中指间穿出，用拇指、食指拨珠，其余三指向掌心蜷曲。

（2）掌心握笔法：这种握笔法，无名指和小指握住笔尖部分，笔杆从拇指和食指间穿出，使用拇指、食指和中指拨珠运算。

（3）拇指、食指握笔法：这种握笔法，笔尖从食指和中指间穿出，笔杆从拇指和食指间穿出，使用拇指、食指和中指拨珠运算。

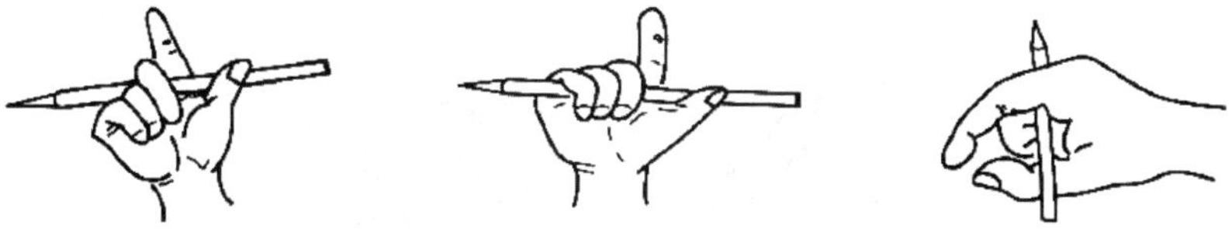

(a)　(b)　(c)

附图 5　握笔方法

（a）食指、中指握笔法；（b）掌心握笔法；（c）拇指、食指握笔法

4. 清盘

在每次置数运算之前，要使算盘上所有的算珠都离梁靠边，使全盘成为空盘，这个过程叫清盘（附图 6）。

清盘的方法根据所使用的算盘而定。有清盘器的算盘，可利用清盘器清盘。清盘方法是左手拇指在算盘下框，其余四指在上框，中指按清盘器。每次清盘要求用力适当，动作不要重复（附图 6）；无清盘器的算盘，可将右手拇指和食指合并捏成钳形，沿算盘横梁上、下两侧（拇指在梁下，食指在梁上），从右向左迅速移动，依靠手指对算珠的推力，使算珠离梁靠边，但应注意两指用力要均匀适当，做到指过盘清。

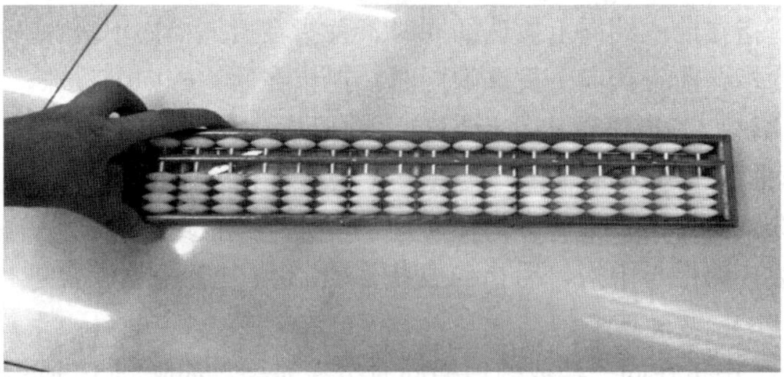

附图 6　清盘

5. 指法

拨珠指法是指用手指拨动算珠的方法。拨珠指法分为单手拨珠法和双手拨珠法。单手拨珠法又有两指拨珠法和三指拨珠法，双手拨珠法又有三指拨珠法和四指拨珠法。拨珠指法的正确与否，直接影响计算的速度及其准确性。

（1）拨珠手指及分工。在采用单手拨珠法的三指拨珠时，拇指、食指、中指要严格分工，具体是：

拇指：专拨下珠靠梁，如附图 7 所示。

食指：专拨下珠离梁；如附图 8 所示。

中指：专拨上珠靠梁与离梁，如附图 9 所示。

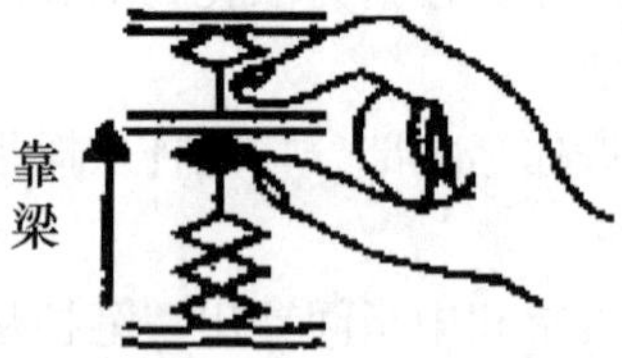

附图 7　拇指拨珠

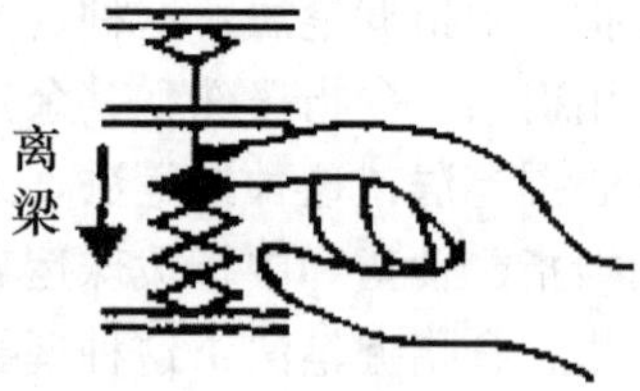

附图 8　食指拨珠

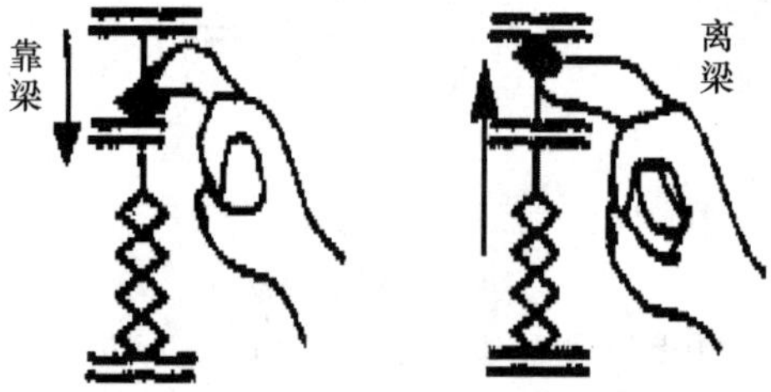

附图 9　中指拨珠

（2）单手拨珠法。单手拨珠法是用左手握盘、右手拨珠的一种拨珠方法。相对于双手四指联拨法，单手拨珠法也称传统拨珠法。单手拨珠法有两指和三指两种拨珠方法。

1）两指拨珠法。两指拨珠法是指用右手的拇指与食指相互配合进行拨珠，而中指、无名指和小指向掌心自然弯曲的一种拨珠方法，基本指法如下：

① 双合、双分。拇指、食指在同一档或前后档同时拨珠靠梁或离梁。

② 双上、双下。拇指、食指在同一档或前后档同时向上或向下拨珠。

③ 扭进。拇指在前一档向上拨珠的同时，食指在后一档向下拨珠。

④ 扭退。食指在前一档向下拨珠的同时，拇指在后一档向上拨珠。

2）三指拨珠法。三指拨珠法是指用右手的拇指、食指、中指拨珠，而无名指、小指向掌心自然弯曲的一种拨珠方法，其指法及分工如下：

① 单指拨珠。拇指、食指、中指任何一个手指单独拨珠的方法叫单指拨珠。

② 两指联拨。拇指与中指、拇指与食指、食指与中指相互配合进行拨珠的方法叫两指联拨，其基本指法如下：

双合：拇指、中指在同一档或前后档同时拨珠靠梁，如附图 10 所示。

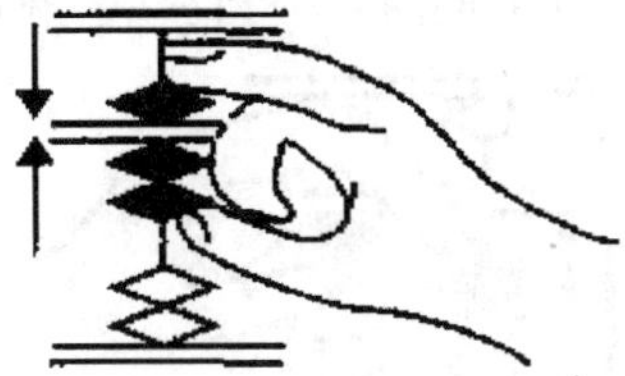

附图 10　双合拨珠

双分：食指、中指在同一档或前后档同时拨珠离梁，如附图 11 所示。

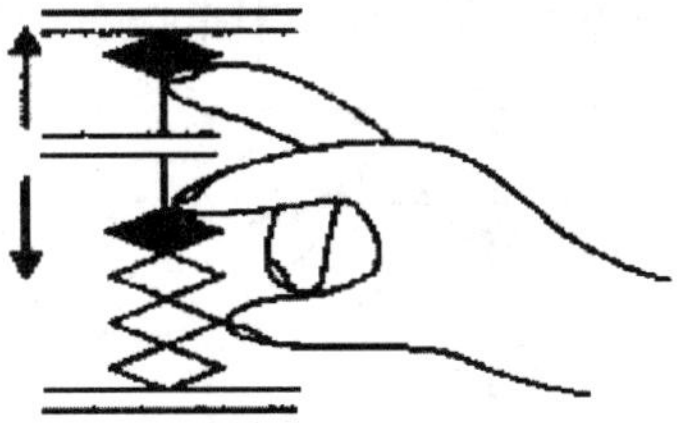

附图 11　双分拨珠

双上：拇指、中指在同一档或前后档同时向上拨珠，如附图 12 所示。

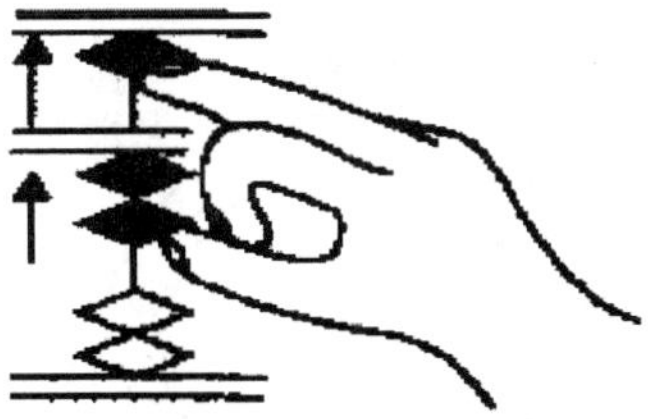

附图 12　双上拨珠

双下：中指、食指在同一档或前后档同时向下拨珠，如附图 13 所示。

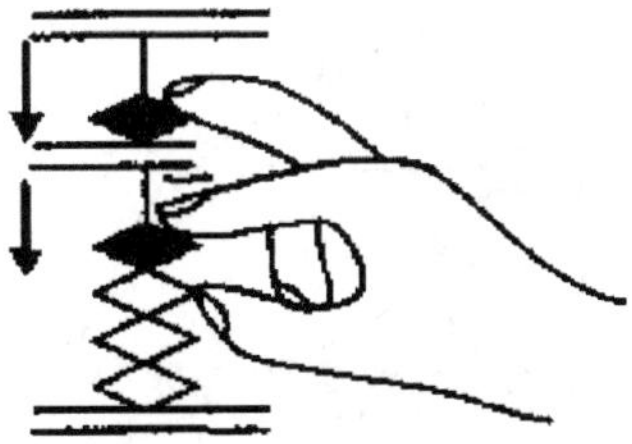

附图 13　双下拨珠

扭进：拇指在前一档向上拨珠的同时，食指在后一档向下拨珠，如附图 14 所示。

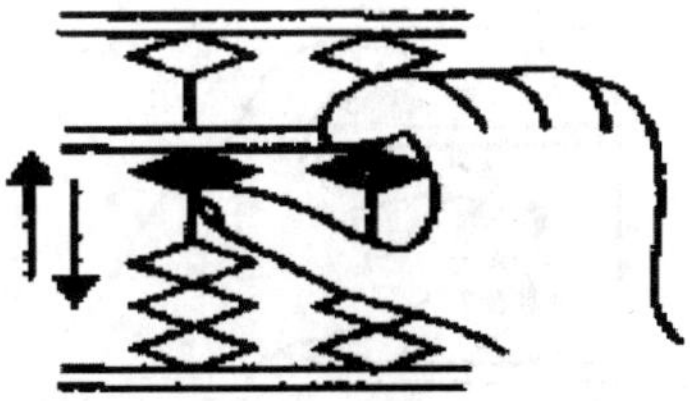

附图 14　扭进拨珠

扭退：食指在前一档向下拨珠的同时，拇指在后一档向上拨珠，如附图 15 所示。

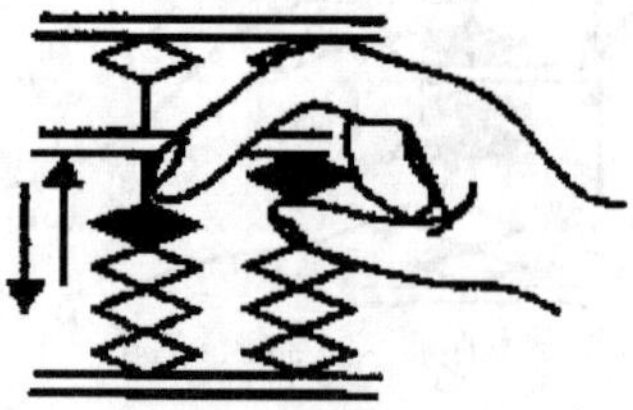

附图 15　扭退拨珠

前后合：拇指拨左一档下珠靠梁的同时，中指拨右一档上珠靠梁，如附图 16 所示。

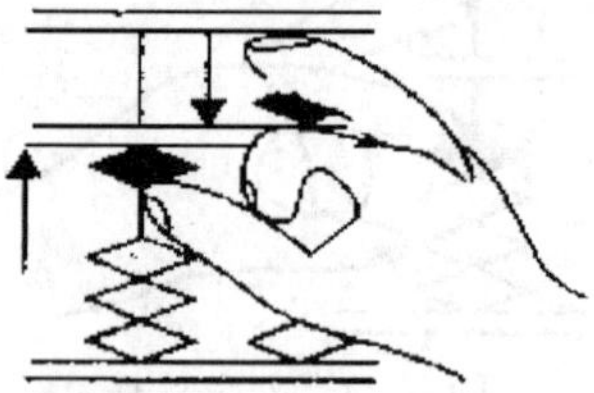

附图 16　前后合拨珠

前后分：食指拨左一档下珠离梁的同时，中指拨右一档上珠离梁，如附图 17 所示。

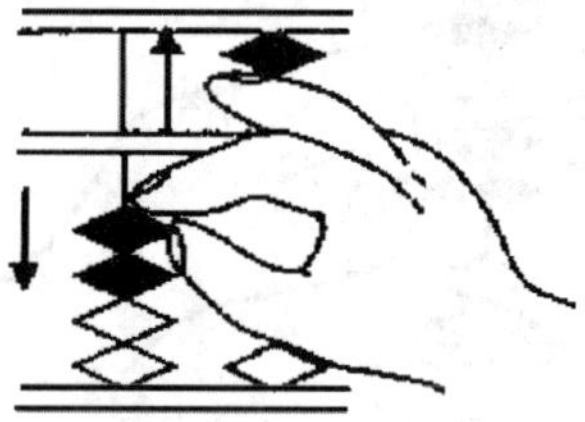

附图 17　前后分拨珠

前后上：拇指拨左一档下珠靠梁的同时，中指拨右一档上珠离梁，如附图 18 所示。

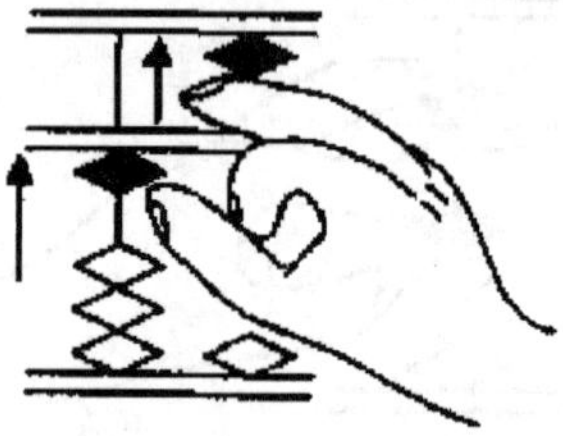

附图 18　前后上拨珠

前后下：食指拨左一档下珠离梁的同时，中指拨右一档上珠靠梁，如附图 19 所示。

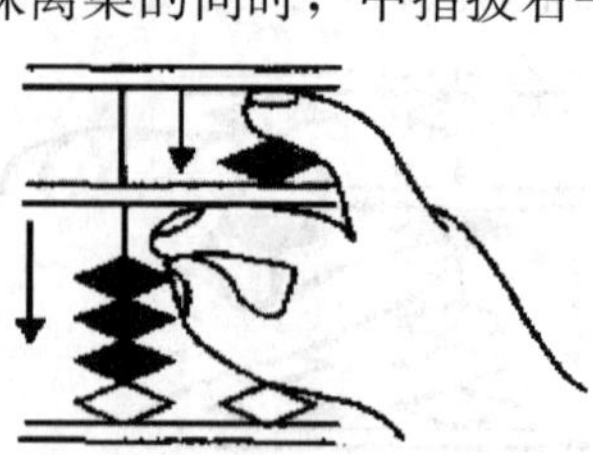

附图 19　前后下拨珠

③ 三指联拨。拇指、食指、中指三个手指同时拨珠的指法叫三指联拨，其基本指法如下：

三指进：食指、中指同时在本档拨上、下珠离梁时，拇指在前一档拨下珠靠梁。

三指退：食指在前档拨下珠离梁时，拇指、中指同时在本档拨上、下珠靠梁。

（3）双手拨珠法。双手拨珠法又称双手四指联拨法，是两手同时拨珠，左手管高位计算，右手管低位计算的一种珠算新指法（附图 20）。

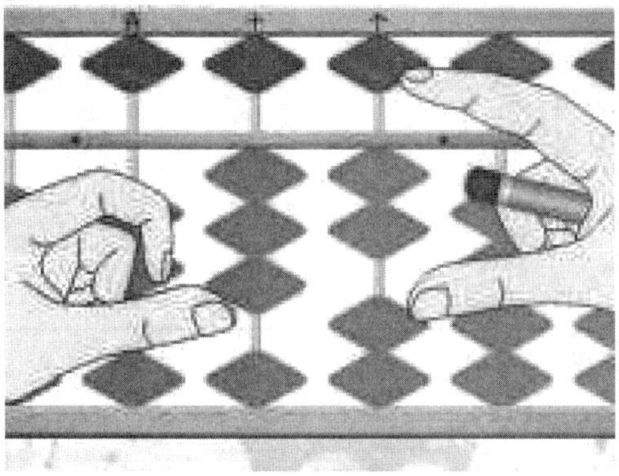

附图 20　双手拨珠

珠心算要求采用双手拨珠法。双手四指拨珠分工如下：

两手拇指专拨下珠靠梁或离梁；双手食指专拨上珠靠梁或离梁。左手拇指和食指负责高位运算，右手拇指与食指负责低位运算，既分工明确又密切合作。

6. 拨珠要领

（1）手指必须有严格的分工，充分运用双手联拨运算。

（2）手指与盘面的高度、角度都应适当。

（3）通常按从左向右的顺序拨珠。拨珠应先后有序，有条不紊，不能先后颠倒，层次不分。

（4）看准算珠再拨，拨珠要到位。

（5）拨珠要顺畅自然，做到稳、准、快。

四、练习珠算加法

1. 加法有诀算法

加法有诀算法是相对无诀算法而言的。有诀是指用口诀指导加减法运算的一种方式。珠算加法口诀是珠算加法的基本法则，指按照珠算加法拨珠的动作编成的口诀，每句口诀的第一个数字是加数，其余的字是拨珠的动作，表示拨珠动作的有“上”“下”“去”“进”四个字。“上”是加上的意思；“下”是把上珠拨下一个的意思（实际上就是加五）；“去”是减去的意思；“进”是本档满十时在左边一档加上的意思。珠算加法口诀分四类，根据“五升十进”的规律，常用的口诀有以下两种。

（1）传统口诀。传统加法口诀为 26 句，见附表 1。

附表1 传统加法口诀

不进位加法		进位加法	
直接加	凑五加	进十加	破五进十加
一上一		一去九进一	
二上二		二去八进一	
三上三	一下五去四	三去七进一	六上一去五进一
四上四	二下五去三	四去六进一	七上二去五进一
五上五	三下五去二	五去五进一	八上三去五进一
六上六	四下五去一	六去四进一	九上四去五进一
七上七		七去三进一	
八上八		八去二进一	
九上九		九去一进一	

注：①每句口诀的第一个字代表要加的数，后面的字表示拨珠运算的过程。②“上几”表示拨珠靠梁。③“去几”表示拨珠离梁。④“下五”表示拨上珠靠梁。⑤“进一”表示本档相加满十，必须向前一档拨动一珠靠梁。

（2）现代口诀。与指法结合的现代加法口诀见附表2。

附表2 现代加法口诀

不进位加法		进位加法	
直接加	凑五加	进十加	破五进十加
一上一		一分九进一	
二上二		二分八进一	
三上三	一下九	三分七进一	六上十六
四上四	二下八	四分六进一	七上十七
五下五	三下七	五上十五	八上十八
六合六	四下六	六下四进一	九上十九
七合七		七下三进一	
八合八		八下二进一	
九合九		九下一进一	

注：①每句口诀的第一个字代表要加的数，后面的字表示拨珠运算的过程。②口诀中的“合”是指拨珠指法，即拇指与食指同时拨上下珠离框靠梁。③口诀中的“分”是指拨珠指法，即拇指与食指同时拨上下珠离梁靠框。

2. 珠算加法

珠算加法有不进位和进位两种。用算盘进行加法计算时，遵循“五升十进制”规则。在“不进位加”即本位加中有“直接加”和“凑五加”两种计算方法；在“进位加”中有“进十加”和“破五进十加”两种计算方法。

3. 加法的运算顺序与规则

加法通常按照以下规则进行运算：①固定个位，在算盘中确定个位档；②将被加数从高位到低位依次拨入算盘，且个位数与算盘中个位档对准；③对准数位，将加数从高位到低位，进行同位数相加，按照“五升十进制”的原则，计算出得数。

五、练习珠算减法

1. 减法有诀算法

（1）传统口诀。传统减法口诀见附表3。

附表3　传统减法口诀

不借位减法		借位减法	
直接减	破五减	退十减	退十补五减
一去一		一退一还九	
二去二		二退一还八	
三去三	一上四去五	三退一还七	六退一还五去一
四去四	二上三去五	四退一还六	七退一还五去二
五去五	三上二去五	五退一还五	八退一还五去三
六去六	四上一去五	六退一还四	九退一还五去四
七去七		七退一还三	
八去八		八退一还二	
九去九		九退一还一	

注：①每句口诀的第一个字代表要减的数，后面的字表示拨珠运算的过程。②“上几”表示拨珠靠梁。③“去几”表示拨珠离梁。④“退一”表示拨珠离梁，前档退一，下档还十。⑤“还几”表示在前一档退一当十，把减去减数后的差数加在本档上。

（2）现代口诀。与指法结合的现代加法口诀见附表4。

附表4　现代减法口诀表

不借位减法		借位减法	
直接减	破五减	退十减	退十凑五减
一下一		一退一合九	
二下二	一上九	二退一合八	
三下三	二上八	三退一合七	六下十六
四下四	三上七	四退一合六	七下十七
五上五	四上六	五下十五	八下十八
六分六		六退一上四	九下十九
七分七		七退一上三	
八分八		八退一上二	
九分九		九退一上一	

2. 珠算减法

常用的珠算减法有不借位和借位两种。用算盘进行减法计算时，“不借位减”即本位减中有“直接减”和“破五减”两种计算方法；在“借位减”中有“借十减”和“借十补五减”两种计算方法。

3. 减法的运算顺序与规则

减法通常按照以下规则进行运算：①固定个位即在算盘中确定个位档；②将被减数从高位到低位依次拨入算盘，且个位数与算盘中的个位档对准；③对准数位，将减数从高位到低位，进行同位数相减，计算出得数。

六、珠算乘法

1. 乘法的种类

珠算乘法按照不同标准可以分为不同种类：①按适用范围可分为基本乘法和其他乘法；②按乘算顺序可分为前乘法和后乘法；③按积的位置可分为隔位乘法和不隔位乘法；④按是否在盘上置数可分为置数乘法和空盘乘法。

2. 乘法的运算顺序

乘法的运算顺序因采用的方法不同而略有差异，如果采用“前乘法”，运算从左到右，先从被乘数的最高位乘起，依次乘到最低位；如果采用“后乘法”，运算从右到左，先从被乘数的最低位乘起，依次乘到最高位。

3. 乘法口诀

乘法口诀是指导乘法运算的常用口诀。其中，包含 81 句口诀的乘法口诀被称为大九九口诀（附表 5），只包含其中 45 句口诀的乘法口诀被称为小九九口诀。

附表 5　大九九口诀表

乘数	被乘数								
	一	二	三	四	五	六	七	八	九
一	一一 01	二一 02	三一 03	四一 04	五一 05	六一 06	七一 07	八一 08	九一 09
二	一二 02	二二 04	三二 06	四二 08	五二 10	六二 12	七二 14	八二 16	九二 18
三	一三 03	二三 06	三三 09	四三 12	五三 15	六三 18	七三 21	八三 24	九三 27
四	一四 04	二四 08	三四 12	四四 16	五四 20	六四 24	七四 28	八四 32	九四 36
五	一五 05	二五 10	三五 15	四五 20	五五 25	六五 30	七五 35	八五 40	九五 45
六	一六 06	二六 12	三六 18	四六 24	五六 30	六六 36	七六 42	八六 48	九六 54
七	一七 07	二七 14	三七 21	四七 28	五七 35	六七 42	七七 49	八七 56	九七 63
八	一八 08	二八 16	三八 24	四八 32	五八 40	六八 48	七八 56	八八 64	九八 72
九	一九 09	二九 18	三九 27	四九 36	五九 45	六九 54	七九 63	八九 72	九九 81

附表5中的大九九口诀中共有81个积数，但由于乘法遵循交换律（如7×9和9×7的乘积均为63)，所以，该表中只有45句口诀的积数是不同的，为了减轻记忆负担，人们就把重复的36句口诀删去。积数不同的45句乘法口诀被称为小九九口诀。小九九口诀先读小的因数，而不固定被乘数（实数）和乘数（法数）的位置。

大九九口诀是一套完整的口诀，能适用各种算题，计算时不用颠倒被乘数、乘数的顺序，拨珠顺序合理，既快速又不易发生差错，并且当积的个位数或十位数为零时，可以间档而不错档。所以，在珠算乘法计算中提倡采用大九九口诀。

七、珠算除法

1. 除法的种类

除法是乘法的逆运算，是指已知两个因数的积和其中一个因数，求另一个因数的运算方法。其算式为

$$商数=被除数\div除数$$

珠算除法的种类很多，有归除法、扒皮除法、加减代除法、商除法、改商除法等。

除法按照估商方法的不同，分为归除法和商除法；按照立商的档位不同，又可以分为隔位除法和不隔位除法（又称挨位除法)。

按照商除法的估商方法、归除法的置商及减积法则来进行运算的一种既快又准的珠算除算方法被称为改商除法（又称为不隔位商除法)。

2. 除法的运算顺序

除法的运算顺序如下：将被除数按要求布入算盘，然后采用大九九口诀，从左到右，先从被除数的首位数除起，逐位迭减试商与除数的乘积，依次除至末位数，计算出得数。

3. 除法口诀

(1) 除法是乘法的逆运算，在商除法下，可以按照乘法大九九口诀估商。

(2) 归除法用口诀进行计算，有九归口诀、退商口诀和商九口诀。

1) 九归口诀共61句。

一归（用1除)：逢一进一，逢二进二，逢三进三，逢四进四，逢五进五，逢六进六，逢七进七，逢八进八，逢九进九。

二归（用2除)：逢二进一，逢四进二，逢六进三，逢八进四，二一添作五。

三归（用3除)：逢三进一，逢六进二，逢九进三，三一三余一，三二六余二。

四归（用4除)：逢四进一，逢八进二，四二添作五，四一二余二，四三七余二。

五归（用5除)：逢五进一，五一倍作二，五二倍作四，五三倍作六，五四倍作八。

六归（用6除)：逢六进一，逢十二进二，六三添作五，六一下加四，六二三余二，六四六余四，六五八余二。

七归（用7除)：逢七进一，逢十四进二，七一下加三，七二下加六，七三四余二，七四五余五，七五七余一，七六八余四。

八归（用8除)：逢八进一，八四添作五，八一下加二，八二下加四，八三下加六，八五六余二，八六七余四，八七八余六。

九归（用9除)：逢九进一，九一下加一，九二下加二，九三下加三，九四下加四，

九五下加五，九六下加六，九七下加七，九八下加八。

2）退商口诀共 9 句。

无除退一下还一，无除退一下还二，无除退一下还三，

无除退一下还四，无除退一下还五，无除退一下还六，

无除退一下还七，无除退一下还八，无除退一下还九。

3）商九口诀共 9 句。

见一无除作九一，见二无除作九二，见三无除作九三，

见四无除作九四，见五无除作九五，见六无除作九六，

见七无除作九七，见八无除作九八，见九无除作九九。

其中，除数是一位数的除法叫“单归”；除数是两位或两位以上的除法叫“归除”，除数的首位叫“归”，以下各位叫“除”。例如，除数是 534 的归除，叫“五归三四除”，即用五归口诀求商后，再用三四除。

附录二　会计基础工作规范

第一章　总　则

第一条　为了加强会计基础工作，建立规范的会计工作秩序，提高会计工作水平，根据《中华人民共和国会计法》的有关规定，制定本规范。

第二条　国家机关、社会团体、企业、事业单位、个体工商户和其他组织的会计基础工作，应当符合本规范的规定。

第三条　各单位应当依据有关法规、法规和本规范的规定，加强会计基础工作，严格执行会计法规制度，保证会计工作依法有序地进行。

第四条　单位领导人对本单位的会计基础工作负有领导责任。

第五条　各省、自治区、直辖市财政厅（局）要加强对会计基础工作的管理和指导，通过政策引导、经验交流、监督检查等措施，促进基层单位加强会计基础工作，不断提高会计工作水平。

国务院各业务主管部门根据职责权限管理本部门的会计基础工作。

第二章　会计机构和会计人员

第一节　会计机构设置和会计人员配备

第六条　各单位应当根据会计业务的需要设置会计机构；不具备单独设置会计机构条件的，应当在有关机构中配备专职会计人员。

事业行政单位会计机构的设置和会计人员的配备，应当符合国家统一事业行政单位会计制度的规定。

设置会计机构，应当配备会计机构负责人；在有关机构中配备专职会计人员，应当在专职会计人员中指定会计主管人员。

会计机构负责人、会计主管人员的任免，应当符合《中华人民共和国会计法》和有关法律的规定。

第七条　会计机构负责人、会计主管人员应当具备下列基本条件：

（一）坚持原则，廉洁奉公；

（二）具备会计师以上专业技术职务资格或者从事会计工作不少于三年；

（三）熟悉国家财经法律、法规、规章和方针、政策，掌握本行业业务管理的有关知识；

（四）有较强的组织能力；

（五）身体状况能够适应本职工作的要求。

第八条 没有设置会计机构或者配备会计人员的单位，应当根据《代理记账管理办法》的规定，委托会计师事务所或者持有代理记账许可证书的代理记账机构进行代理记账。

第九条 大中型企业、事业单位、业务主管部门应当根据法律和国家有关规定设置总会计师。总会计师由具有会计师以上专业技术资格的人员担任。

总会计师行使《总会计师条例》规定的职责、权限。

总会计师的任命（聘任）、免职（解聘）依照《总会计师条例》和有关法律的规定办理。

第十条 各单位应当根据会计业务需要配备会计人员，督促其遵守职业道德和国家统一的会计制度。

第十一条 各单位应当根据会计业务需要设置会计工作岗位。

会计工作岗位一般可分为：会计机构负责人或者会计主管人员，出纳，财产物资核算，工资核算，成本费用核算，财务成果核算，资金核算，往来结算，总账报表，稽核，档案管理等。开展会计电算化和管理会计的单位，可以根据需要设置相应工作岗位，也可以与其他工作岗位相结合。

第十二条 会计工作岗位，可以一人一岗、一人多岗或者一岗多人。但出纳人员不得兼管稽核、会计档案保管和收入、费用、债权债务账目的登记工作。

第十三条 会计人员的工作岗位应当有计划地进行轮换。

第十四条 会计人员应当具备必要的专业知识和专业技能，熟悉国家有关法律、法规、规章和国家统一会计制度，遵守职业道德。

会计人员应当按照国家有关规定参加会计业务的培训。各单位应当合理安排会计人员的培训，保证会计人员每年有一定时间用于学习和参加培训。

第十五条 各单位领导人应当支持会计机构、会计人员依法行使职权；对忠于职守，坚持原则，做出显著成绩的会计机构、会计人员，应当给予精神的和物质的奖励。

第十六条 国家机关、国有企业、事业单位任用会计人员应当实行回避制度。

单位领导人的直系亲属不得担任本单位的会计机构负责人、会计主管人员。会计机构负责人、会计主管人员的直系亲属不得在本单位会计机构中担任出纳工作。

需要回避的直系亲属为：夫妻关系、直系血亲关系、三代以内旁系血亲以及配偶亲关系。

第二节　会计人员职业道德

第十七条 会计人员在会计工作中应当遵守职业道德，树立良好的职业品质、严谨的工作作风，严守工作纪律，努力提高工作效率和工作质量。

第十八条 会计人员应当热爱本职工作，努力钻研业务，使自己的知识和技能适应所从事工作的要求。

第十九条 会计人员应当熟悉财经法律、法规、规章和国家统一会计制度，并结合会计工作进行广泛宣传。

第二十条　会计人员应当按照会计法规、国家法规和国家统一会计制度规定的程序和要求进行会计工作，保证所提供的会计信息合法、真实、准确、及时、完整。

第二十一条　会计人员办理会计事务应当实事求是、客观公正。

第二十二条　会计人员应当熟悉本单位的生产经营和业务管理情况，运用掌握的会计信息和会计方法，为改善单位内部管理、提高经济效益服务。

第二十三条　会计人员应当保守本单位的商业秘密。除法律规定和单位领导人同意外，不能私自向外界提供或者泄露单位的会计信息。

第二十四条　财政部门、业务主管部门和各单位应当定期检查会计人员遵守职业道德的情况，并作为会计人员晋升、晋级、聘任专业职务、表彰奖励的重要考核依据。

会计人员违反职业道德的，由所在单位进行处理。

第三节　会计工作交接

第二十五条　会计人员工作调动或者因故离职，必须将本人所经管的会计工作全部移交给接替人员。没有办清交接手续的，不得调动或者离职。

第二十六条　接替人员应当认真接管移交工作，并继续办理移交的未了事项。

第二十七条　会计人员办理移交手续前，必须及时做好以下工作：

（一）已经受理的经济业务尚未填制会计凭证的，应当填制完毕。

（二）尚未登记的账目，应当登记完毕，并在最后一笔余额后加盖经办人员印章。

（三）整理应该移交的各项资料，对未了事项写出书面材料。

（四）编制移交清册，列明应当移交的会计凭证、会计账簿、会计报表、印章、现金、有价证券、支票簿、发票、文件、其他会计资料和物品等内容；实行会计电算化的单位，从事该项工作的移交人员还应当在移交清册中列明会计软件及密码、会计软件数据磁盘（磁带等）及有关资料、实物等内容。

第二十八条　会计人员办理交接手续，必须有监交人负责监交。一般会计人员交接，由单位会计机构负责人、会计主管人员负责监交；会计机构负责人、会计主管人员交接，由单位领导人负责监交，必要时可由上级主管部门派人会同监交。

第二十九条　移交人员在办理移交时，要按移交清册逐项移交；接替人员要逐项核对点收。

（一）现金、有价证券要根据会计账簿有关记录进行点交。库存现金、有价证券必须与会计账簿记录保持一致。不一致时，移交人员必须限期查清。

（二）会计凭证、会计账簿、会计报表和其他会计资料必须完整无缺。如有短缺，必须查清原因，并在移交清册中注明，由移交人员负责。

（三）银行存款账户余额要与银行对账单核对，如不一致，应当编制银行存款余额调节表调节相符，各种财产物资和债权债务的明细账户余额要与总账有关账户余额核对相符；必要时，要抽查个别账户的余额，与实物核对相符，或者与往来单位、个人核对清楚。

（四）移交人员经管的票据、印章和其他实物等，必须交接清楚；移交人员从事会计电算化工作的，要对有关电子数据在实际操作状态下进行交接。

第三十条　会计机构负责人、会计主管人员移交时，还必须将全部财务会计工作、重大财务收支和会计人员的情况等，向接替人员详细介绍。对需要移交的遗留问题，应当写出书面材料。

第三十一条 交接完毕后，交接双方和监交人员要在移交注册上签名或者盖章。并应在移交注册上注明：单位名称，交接日期，交接双方和监交人员的职务、姓名，移交清册页数以及需要说明的问题和意见等。

移交清册一般应当填制一式三份，交接双方各执一份，存档一份。

第三十二条 接替人员应当继续使用移交的会计账簿，不得自行另立新账，以保持会计记录的连续性。

第三十三条 会计人员临时离职或者因病不能工作且需要接替或者代理的，会计机构负责人、会计主管人员或者单位领导人必须指定有关人员接替或者代理，并办理交接手续。

临时离职或者因病不能工作的会计人员恢复工作的，应当与接替或者代理人员办理交接手续。

移交人员因病或者其他特殊原因不能亲自办理移交的，经单位领导人批准，可由移交人员委托他人代办移交，但委托人应当承担本规范第三十五条规定的责任。

第三十四条 单位撤销时，必须留有必要的会计人员，会同有关人员办理清理工作，编制决算。未移交前，不得离职。接收单位和移交日期由主管部门确定。

单位合并、分立的，其会计工作交接手续比照上述有关规定办理。

第三十五条 移交人员对所移交的会计凭证、会计账簿、会计报表和其他有关资料的合法性、真实性承担法律责任。

第三章 会计核算

第一节 会计核算一般要求

第三十六条 各单位应当按照《中华人民共和国会计法》和国家统一会计制度的规定建立会计账册，进行会计核算，及时提供合法、真实、准确、完整的会计信息。

第三十七条 各单位发生的下列事项，应当及时办理会计手续、进行会计核算：

（一）款项和有价证券的收付；

（二）财物的收发、增减和使用；

（三）债权债务的发生和结算；

（四）资本、基金的增减；

（五）收入、支出、费用、成本的计算；

（六）财务成果的计算和处理；

（七）其他需要办理会计手续、进行会计核算的事项。

第三十八条 各单位的会计核算应当以实际发生的经济业务为依据，按照规定的会计处理方法进行，保证会计指标的口径一致、相互可比和会计处理方法的前后各期相一致。

第三十九条 会计年度自公历1月1日起至12月31日止。

第四十条　会计核算以人民币为记账本位币。

收支业务以外国货币为主的单位，也可以选定某种外国货币作为记账本位币，但是编制的会计报表应当折算为人民币反映。

境外单位向国内有关部门编报的会计报表，应当折算为人民币反映。

第四十一条　各单位根据国家统一会计制度的要求，在不影响会计核算要求、会计报表指标汇总和对外统一会计报表的前提下，可以根据实际情况自行设置和使用会计科目。

事业行政单位会计科目的设置和使用，应当符合国家统一事业行政单位会计制度的规定。

第四十二条　会计凭证、会计账簿、会计报表和其他会计资料的内容和要求必须符合国家统一会计制度的规定，不得伪造、变造会计凭证和会计账簿，不得设置账外账，不得报送虚假会计报表。

第四十三条　各单位对外报送的会计报表格式由财政部统一规定。

第四十四条　实行会计电算化的单位，对使用的会计软件及其生成的会计凭证、会计账簿、会计报表和其他会计资料的要求，应当符合财政部关于会计电算化的有关规定。

第四十五条　各单位的会计凭证、会计账簿、会计报表和其他会计资料，应当建立档案，妥善保管。会计档案建档要求、保管期限、销毁办法等依据《会计档案管理办法》的规定进行。

实行会计电算化的单位，有关电子数据、会计软件资料等应当作为会计档案进行管理。

第四十六条　会计记录的文字应当使用中文，少数民族自治地区可以同时使用少数民族文字。中国境内的外商投资企业、外国企业和其他外国经济组织也可以同时使用某种外国文字。

第二节　填制会计凭证

第四十七条　各单位办理本规范第三十七条规定的事项，必须取得或者填制原始凭证，并及时送交会计机构。

第四十八条　原始凭证的基本要求是：

（一）原始凭证的内容必须具备：凭证的名称；填制凭证的日期；填制凭证单位名称或者填制人姓名；经办人员的签名或者盖章；接受凭证单位名称；经济业务内容；数量、单价和金额。

（二）从外单位取得的原始凭证，必须盖有填制单位的公章；从个人取得的原始凭证，必须有填制人员的签名或者盖章。自制原始凭证必须有经办单位领导人或者其指定的人员签名或者盖章。对外开出的原始凭证，必须加盖本单位公章。

（三）凡填有大写和小写金额的原始凭证，大写与小写金额必须相符。购买实物的原始凭证，必须有验收证明。支付款项的原始凭证，必须有收款单位和收款人的收款证明。

（四）一式几联的原始凭证，应当注明各联的用途，只能以一联作为报销凭证。

一式几联的发票和收据，必须用双面复写纸（发票和收据本身具备复写纸功能的除外）套写，并连续编号。作废时应当加盖“作废”戳记，连同存根一起保存，不得撕毁。

（五）发生销货退回的，除填制退货发票外，还必须有退货验收证明；退款时，必须取得对方的收款收据或者汇款银行的凭证，不得以退货发票代替收据。

（六）职工公出借款凭据，必须附在记账凭证之后。收回借款时，应当另开收据或者退还借据副本，不得退还原借款收据。

（七）经上级有关部门批准的经济业务，应当将批准文件作为原始凭证附件。如果批准文件需要单独归档的，应当在凭证上注明批准机关名称、日期和文件字号。

第四十九条 原始凭证不得涂改、挖补。发现原始凭证有错误的，应当由开出单位重开或者更正，更正处应当加盖开出单位的公章。

第五十条 会计机构、会计人员要根据审核无误的原始凭证填制记账凭证。

记账凭证可以分为收款凭证、付款凭证和转账凭证，也可以使用通用记账凭证。

第五十一条 记账凭证的基本要求是：

（一）记账凭证的内容必须具备：填制凭证的日期；凭证编号；经济业务摘要；会计科目；金额；所附原始凭证张数；填制凭证人员、稽核人员、记账人员、会计机构负责人、会计主管人员签名或者盖章。收款和付款记账凭证还应当由出纳人员签名或者盖章。

以自制的原始凭证或者原始凭证汇总表代替记账凭证的，也必须具备记账凭证应有的项目。

（二）填制记账凭证时，应当对记账凭证进行连续编号。一笔经济业务需要填制两张以上记账凭证的，可以采用分数编号法编号。

（三）记账凭证可以根据每一张原始凭证填制，或者根据若干张同类原始凭证汇总填制，也可以根据原始凭证汇总表填制。但不得将不同内容和类别的原始凭证汇总填制在一张记账凭证上。

（四）除结账和更正错误的记账凭证可以不附原始凭证外，其他记账凭证必须附有原始凭证。如果一张原始凭证涉及几张记账凭证，可以把原始凭证附在一张主要的记账凭证后面，并在其他记账凭证上注明附有该原始凭证的记账凭证的编号或者附原始凭证复印件。

一张复始凭证所列支出需要几个单位共同负担的，应当将其他单位负担的部分，开给对方原始凭证分割单，进行结算。原始凭证分割单必须具备原始凭证的基本内容：凭证名称、填制凭证日期、填制凭证单位名称或者填制人姓名、经办人的签名或者盖章、接受凭证单位名称、经济业务内容、数量、单价、金额和费用分摊情况等。

（五）如果在填制记账凭证时发生错误，应当重新填制。

已经登记入账的记账凭证，在当年内发现填写错误时，可以用红字填写一张与原内容相同的记账凭证，在摘要栏注明“注销某月某日某号凭证”字样，同时再用蓝字重新填制一张正确的记账凭证，注明“订正某月某日某号凭证”字样。如果会计科目没有错误，只是金额错误，也可以将正确数字与错误数字之间的差额，另编一张调整的记账凭证，调增金额用蓝字，调减金额用红字。发现以前年度记账凭证有错误的，应当用蓝字填制一张更正的记账凭证。

（六）记账凭证填制完经济业务事项后，如有空行，应当自金额栏最后一笔金额数字下的空行处至合计数上的空行处划线注销。

第五十二条　填制会计凭证，字迹必须清晰、工整，并符合下列要求：

（一）阿拉伯数字应当一个一个地写，不得连笔写。阿拉伯金额数字前面应当书写货币币种符号或者货币名称简写和币种符号。币种符号与阿拉伯金额数字之间不得留有空白。凡阿拉伯数字前写有币种符号的，数字后面不再写货币单位。

（二）所有以元为单位（其他货币种类为货币基本单位，下同）的阿拉伯数字，除表示单价等情况外，一律填写到角分；无角分的，角位和分位可写“00”，或者符号“——”；有角无分的，分位应当写“0”，不得用符号“——”代替。

（三）汉字大写数字金额如零、壹、贰、叁、肆、伍、陆、柒、捌、玖、拾、佰、仟、万、亿等，一律用正楷或者行书体书写，不得用0、一、二、三、四、五、六、七、八、九、十等简化字代替，不得任意自造简化字。大写金额数字到元或者角为止的，在“元”或者“角”字之后应当写“整”字或者“正”字；大写金额数字有分的，分字后面不写“整”或者“正”字。

（四）大写金额数字前未印有货币名称的，应当加填货币名称，货币名称与金额数字之间不得留有空白。

（五）阿拉伯金额数字中间有“0”时，汉字大写金额要写“零”字；阿拉伯数字金额中间连续有几个“0”时，汉字大写金额中可以只写一个“零”字；阿拉伯金额数字元位是“0”，或者数字中间连续有几个“0”、元位也是“0”但角位不是“0”时，汉字大写金额可以只写一个“零”字，也可以不写“零”字。

第五十三条　实行会计电算化的单位，对于机制记账凭证，要认真审核，做到会计科目使用正确，数字准确无误。打印出的机制记账凭证要加盖制单人员、审核人员、记账人员及会计机构负责人、会计主管人员印章或者签字。

第五十四条　各单位会计凭证的传递程序应当科学、合理，具体办法由各单位根据会计业务需要自行规定。

第五十五条　会计机构、会计人员要妥善保管会计凭证。

（一）会计凭证应当及时传递，不得积压。

（二）会计凭证登记完毕后，应当按照分类和编号顺序保管，不得散乱丢失。

（三）记账凭证应当连同所附的原始凭证或者原始凭证汇总表，按照编号顺序，折叠整齐，按期装订成册，并加具封面，注明单位名称、年度、月份和起讫日期、凭证种类、起讫号码，由装订人在装订线封签外签名或者盖章。

对于数量过多的原始凭证，可以单独装订保管，在封面上注明记账凭证日期、编号、种类，同时在记账凭证上注明“附件另订”和原始凭证名称及编号。

各种经济合同、存出保证金收据以及涉外文件等重要原始凭证，应当另编目录，单独登记保管，并在有关的记账凭证和原始凭证上相互注明日期和编号。

（四）原始凭证不得外借，其他单位如因特殊原因需要使用原始凭证时，经本单位会计机构负责人、会计主管人员批准，可以复制。向外单位提供的原始凭证复制件，应当在专设的登记簿上登记，并由提供人员和收取人员共同签名或者盖章。

（五）从外单位取得的原始凭证如有遗失，应当取得原开出单位盖有公章的证明，并注明原来凭证的号码、金额和内容等，由经办单位会计机构负责人、会计主管人员和单位领导人批准后，才能代作原始凭证。如果确实无法取得证明的，如火车、轮船、飞机票等凭证，由当事人写出详细情况，由经办单位会计机构负责人、会计主管人员和单位领导人批准后，代作原始凭证。

第三节　登记会计账簿

第五十六条　各单位应当按照国家统一会计制度的规定和会计业务的需要设置会计账簿。会计账簿包括总账、明细账、日记账和其他辅助性账簿。

第五十七条　现金日记账和银行存款日记账必须采用订本式账簿。不得用银行对账单或者其他方法代替日记账。

第五十八条　实行会计电算化的单位，用计算机打印的会计账簿必须连续编号，经审核无误后装订成册，并由记账人员和会计机构负责人、会计主管人员签字或者盖章。

第五十九条　启用会计账簿时，应当在账簿封面上写明单位名称和账簿名称。在账簿扉页上应当附启用表，内容包括：启用日期、账簿页数、记账人员和会计机构负责人、会计主管人员姓名，并加盖签名章和单位公章。记账人员或者会计机构负责人、会计主管人员调动工作时，应当注明交接日期、接办人员或者监交人员姓名，并由交接双方人员签名或者盖章。

启用订本式账簿，应当从第一页到最后一页顺序编定页数，不得跳页、缺号。使用活页式账页，应当按账户顺序编号，并须定期装订成册。装订后再按实际使用的账页顺序编定页码。另加目录，记明每个账户的名称和页次。

第六十条　会计人员应当根据审核无误的会计凭证登记会计账簿。登记账簿的基本要求是：

（一）登记会计账簿时，应当将会计凭证日期、编号、业务内容摘要、金额和其他有关资料逐项记入账内，做到数字准确、摘要清楚、登记及时、字迹工整。

（二）登记完毕后，要在记账凭证上签名或者盖章，并注明已经登账的符号，表示已经记账。

（三）账簿中书写的文字和数字上面要留有适当空格，不要写满格；一般应占格距的二分之一。

（四）登记账簿要用蓝黑墨水或者碳素墨水书写，不得使用圆珠笔（银行的复写账簿除外）或者铅笔书写。

（五）下列情况，可以用红色墨水记账：

1. 按照红字冲账的记账凭证，冲销错误记录；

2. 在不设借贷等栏的多栏式账页中，登记减少数；

3. 在三栏式账户的余额栏前，如未印明余额方向的，在余额栏内登记负数余额；

4. 根据国家统一会计制度的规定可以用红字登记的其他会计记录。

（六）各种账簿按页次顺序连续登记，不得跳行、隔页。如果发生跳行、隔页，应当将空行、空页划线注销，或者注明“此行空白”“此页空白”字样，并由记账人员签名或者盖章。

（七）凡需要结出余额的账户，结出余额后，应当在“借或贷”等栏内写明“借”或者“贷”等字样。没有余额的账户，应当在“借或贷”等栏内写“平”字，并在余额栏内用“Q”表示。

现金日记账和银行存款日记账必须逐日结出余额。

（八）每一账页登记完毕结转下页时，应当结出本页合计数及余额，写在本页最后一行和下页第一行有关栏内，并在摘要栏内注明“过次页”和“承前页”字样；也可以将本页合计数及金额只写在下页第一行有关栏内，并在摘要栏内注明“承前页”字样。

对需要结计本月发生额的账户，结计“过次页”的本页合计数应当为自本月初起至本页末止的发生额合计数；对需要结计本年累计发生额的账户，结计“过次页”的本页合计数应当为自年初起至本页末止的累计数；对既不需要结计本月发生额也不需要结计本年累计发生额的账户，可以只将每页末的余额结转次页。

第六十一条　账簿记录发生错误，不准涂改、挖补、刮擦或者用药水消除字迹，不准重新抄写，必须按照下列方法进行更正：

（一）登记账簿时发生错误，应当将错误的文字或者数字划红线注销，但必须使原有字迹仍可辨认；然后在划线上方填写正确的文字或者数字，并由记账人员在更正处盖章。对于错误的数字，应当全部划红线更正，不得只更正其中的错误数字。对于文字错误，可只划去错误的部分。

（二）由于记账凭证错误而使账簿记录发生错误，应当按更正的记账凭证登记账簿。

第六十二条　各单位应当定期对会计账簿记录的有关数字与库存实物、货币资金、有价证券、往来单位或者个人等进行相互核对，保证账证相符、账账相符、账实相符。对账工作每年至少进行一次。

（一）账证核对。核对会计账簿记录与原始凭证、记账凭证的时间、凭证字号、内容、金额是否一致，记账方向是否相符。

（二）账账核对。核对不同会计账簿之间的账簿记录是否相符，包括：总账有关账户的余额核对，总账与明细账核对，总账与日记账核对，会计部门的财产物资明细账与财产物资保管和使用部门的有关明细账核对等。

（三）账实核对。核对会计账簿记录与财产等实有数额是否相符。包括：现金日记账账面余额与现金实际库存数相核对；银行存款日记账账面余额定期与银行对账单相核对；各种财物明细账账面余额与财物实存数额相核对；各种应收、应付款明细账账面余额与有关债务、债权单位或者个人核对等。

第六十三条　各单位应当按照规定定期结账。

（一）结账前，必须将本期内所发生的各项经济业务全部登记入账。

（二）结账时，应当结出每个账户的期末余额。需要结出当月发生额的，应当在摘要栏内注明“本月合计”字样，并在下面通栏划单红线。需要结出本年累计发生额的，应当在摘要栏内注明“本年累计”字样，并在下面通栏划单红线；12 月末的“本年累计”就是全年累计发生额。全年累计发生额下面应当通栏划双红线。年度终了结账时，所有总账账户都应当结出全年发生额和年末余额。

（三）年度终了，要把各账户的余额结转到下一会计年度，并在摘要栏注明“结转下年”字样；在下一会计年度新建有关会计账簿的第一行余额栏内填写上年结转的余额，并在摘要栏注明“上年结转”字样。

第四节　编制财务报告

第六十四条　各单位必须按照国家统一会计制度的规定，定期编制财务报告。

财务报告包括会计报表及其说明。会计报表包括会计报表主表、会计报表附表、会计报表附注。

第六十五条　各单位对外报送的财务报告应当根据国家统一会计制度规定的格式和要求编制。

单位内部使用的财务报告，其格式和要求由各单位自行规定。

第六十六条　会计报表应当根据登记完整、核对无误的会计账簿记录和其他有关资料编制，做到数字真实、计算准确、内容完整、说明清楚。

任何人不得篡改或者授意、指使、强令他人篡改会计报表的有关数字。

第六十七条　会计报表之间、会计报表各项目之间，凡有对应关系的数字，应当相互一致。本期会计报表与上期会计报表之间有关的数字应当相互衔接。如果不同会计年度会计报表中各项目的内容和核算方法有变更的，应当在年度会计报表中加以说明。

第六十八条　各单位应当按照国家统一会计制度的规定认真编写会计报表附注及其说明，做到项目齐全，内容完整。

第六十九条　各单位应当按照国家规定的期限对外报送财务报告。

对外报送的财务报告，应当依次编写页码，加具封面，装订成册，加盖公章。封面上应当注明：单位名称，单位地址，财务报告所属年度、季度、月度，送出日期，并由单位领导人、总会计师、会计机构负责人、会计主管人员签名或者盖章。

单位领导人对财务报告的合法性、真实性负法律责任。

第七十条　根据法律和国家有关规定应当对财务报告进行审计的，财务报告编制单位应当先行委托注册会计师进行审计，并将注册会计师出具的审计报告随同财务报告按照规定的期限报送有关部门。

第七十一条　如果发现对外报送的财务报告有错误，应当及时办理更正手续。除更正本单位留存的财务报告外，并应同时通知接受财务报告的单位更正。错误较多的，应当重新编报。

第四章　会计监督

第七十二条　各单位的会计机构、会计人员对本单位的经济活动进行会计监督。

第七十三条　会计机构、会计人员进行会计监督的依据是：

（一）财经法律、法规、规章；

（二）会计法律、法规和国家统一会计制度；

（三）各省、自治区、直辖市财政厅（局）和国务院业务主管部门根据《中华人民共和国会计法》和国家统一会计制度制定的具体实施办法或者补充规定；

（四）各单位根据《中华人民共和国会计法》和国家统一会计制度制定的单位内部会计管理制度；

（五）各单位内部的预算、财务计划、经济计划、业务计划等。

第七十四条　会计机构、会计人员应当对原始凭证进行审核和监督。

对不真实、不合法的原始凭证，不予受理。对弄虚作假、严重违法的原始凭证，在不予受理的同时，应当予以扣留，并及时向单位领导人报告，请求查明原因，追究当事人的责任。

对记载不准确、不完整的原始凭证，予以退回，要求经办人员更正、补充。

第七十五条　会计机构、会计人员对伪造、变造、故意毁灭会计账簿或者账外设账行为，应当制止和纠正；制止和纠正无效的，应当向上级主管单位报告，请求作出处理。

第七十六条　会计机构、会计人员应当对实物、款项进行监督，督促建立并严格执行财产清查制度。发现账簿记录与实物、款项不符时，应当按照国家有关规定进行处理。超出会计机构、会计人员职权范围的，应当立即向本单位领导报告，请求查明原因，作出处理。

第七十七条　会计机构、会计人员对指使、强令编造、篡改财务报告行为，应当制止和纠正；制止和纠正无效的，应当向上级主管单位报告，请求处理。

第七十八条　会计机构、会计人员应当对财务收支进行监督。

（一）对审批手续不全的财务收支，应当退回，要求补充、更正。

（二）对违反规定不纳入单位统一会计核算的财务收支，应当制止和纠正。

（三）对违反国家统一的财政、财务、会计制度规定的财务收支，不予办理。

（四）对认为是违反国家统一的财政、财务、会计制度规定的财务收支，应当制止和纠正；制止和纠正无效的，应当向单位领导人提出书面意见请求处理。

单位领导人应当在接到书面意见起十日内作出书面决定，并对决定承担责任。

（五）对违反国家统一的财政、财务、会计制度规定的财务收支，不予制止和纠正，又不向单位领导人提出书面意见的，也应当承担责任。

（六）对严重违反国家利益和社会公众利益的财务收支，应当向主管单位或者财政、审计、税务机关报告。

第七十九条　会计机构、会计人员对违反单位内部会计管理制度的经济活动，应当制止和纠正；制止和纠正无效的，向单位领导人报告，请求处理。

第八十条　会计机构、会计人员应当对单位制定的预算、财务计划、经济计划、业务计划的执行情况进行监督。

第八十一条　各单位必须依照法律和国家有关规定接受财政、审计、税务等机关的监督，如实提供会计凭证、会计账簿、会计报表和其他会计资料以及有关情况，不得拒绝、隐匿、谎报。

第八十二条　按照法律规定应当委托注册会计师进行审计的单位，应当委托注册会计师进行审计，并配合注册会计师的工作，如实提供会计凭证、会计账簿、会计报表和其他会计资料以及有关情况，不得拒绝、隐匿、谎报，不得示意注册会计师出具不当的审计报告。

第五章　内部会计管理制度

第八十三条　各单位应当根据《中华人民共和国会计法》和国家统一会计制度的规定，结合单位类型和内容管理的需要，建立健全相应的内部会计管理制度。

第八十四条　各单位制定内部会计管理制度应当遵循下列原则：

（一）应当执行法律、法规和国家统一的财务会计制度。

（二）应当体现本单位的生产经营、业务管理的特点和要求。

（三）应当全面规范本单位的各项会计工作，建立健全会计基础，保证会计工作的有序进行。

（四）应当科学、合理，便于操作和执行。

（五）应当定期检查执行情况。

（六）应当根据管理需要和执行中的问题不断完善。

第八十五条　各单位应当建立内部会计管理体系。主要内容包括：单位领导人、总会计师对会计工作的领导职责；会计部门及其会计机构负责人、会计主管人员的职责、权限；会计部门与其他职能部门的关系；会计核算的组织形式等。

第八十六条　各单位应当建立会计人员岗位责任制度。主要内容包括：会计人员的工作岗位设置；各会计工作岗位的职责和标准；各会计工作岗位的人员和具体分工；会计工作岗位轮换办法；对各会计工作岗位的考核办法。

第八十七条　各单位应当建立账务处理程序制度。主要内容包括：会计科目及其明细科目的设置和使用；会计凭证的格式、审核要求和传递程序；会计核算方法；会计账簿的设置；编制会计报表的种类和要求；单位会计指标体系。

第八十八条　各单位应当建立内部牵制制度。主要内容包括：内部牵制制度的原则；组织分工；出纳岗位的职责和限制条件；有关岗位的职责和权限。

第八十九条　各单位应当建立稽核制度。主要内容包括：稽核工作的组织形式和具体分工；稽核工作的职责、权限；审核会计凭证和复核会计账簿、会计报表的方法。

第九十条　各单位应当建立原始记录管理制度。主要内容包括：原始记录的内容和填制方法；原始记录的格式；原始记录的审核；原始记录填制人的责任；原始记录签署、传递、汇集要求。

第九十一条　各单位应当建立定额管理制度。主要内容包括：定额管理的范围；制定和修订定额的依据、程序和方法；定额的执行；定额考核和奖惩办法等。

第九十二条　各单位应当建立计量验收制度。主要内容包括：计量检测手段和方法；计量验收管理的要求；计量验收人员的责任和奖惩办法。

第九十三条　各单位应当建立财产清查制度。主要内容包括：财产清查的范围；财产清查的组织；财产清查的期限和方法；对财产清查中发现问题的处理办法；对财产管理人员的奖惩办法。

第九十四条　各单位应当建立财务收支审批制度。主要内容包括：财务收支审批人员和审批权限；财务收支审批程序；财务收支审批人员的责任。

第九十五条　实行成本核算的单位应当建立成本核算制度。主要内容包括：成本核算的对象；成本核算的方法和程序；成本分析等。

第九十六条　各单位应当建立财务会计分析制度。主要内容包括：财务会计分析的主要内容；财务会计分析的基本要求和组织程序；财务会计分析的具体方法；财务会计分析报告的编写要求等。

第六章　附　则

第九十七条　本规范所称国家统一会计制度，是指由财政部制定、或者财政部与国务院有关部门联合制定、或者经财政部审核批准的在全国范围内统一执行的会计规章、准则、办法等规范性文件。

本规范所称会计主管人员，是指不设置会计机构、只在其他机构中设置专职会计人员的单位行使会计机构负责人职权的人员。

本规范第三章第二节和第三节关于填制会计凭证、登记会计账簿的规定，除特别指出外，一般适用于手工记账。实行会计电算化的单位，填制会计凭证和登记会计账簿的有关要求，应当符合财政部关于会计电算化的有关规定。

第九十八条　各省、自治区、直辖市财政厅（局）、国务院各业务主管部门可以根据本规范的原则，结合本地区、本部门的具体情况，制定具体实施办法，报财政部备案。

第九十九条　本规范由财政部负责解释、修改。

第一百条　本规范自公布之日起实施。1984 年 4 月 24 日财政部发布的《会计人员工作规则》同时废止。

参考文献

[1] 黄性清，马述珍．出纳会计实务［M］．北京：清华大学出版社，北京交通大学出版社，2011.
[2] 王娟，祁金详，王海萍，等．会计基本技能实训［M］．2版．北京：清华大学出版社，2018.
[3] 陈世文，陈意新．银行技能训练［M］．广州：华南理工大学出版社，2011
[4] 李占国，吴道华，王家明．基础会计［M］．北京：高等教育出版社，2017.
[5] 陈雪松．传票翻打技能训练实用教程［M］．北京：科学出版社，2015.
[6] 朱盛婷．会计基本技能实训［M］．南京：江苏凤凰教育出版社，2014.
[7] 吕芙蓉，张莉．银行柜面技能［M］．北京：高等教育出版社，2007.